사막 위에 뜨거운 열기를 쏟아붓고 있는 태양이

낙타를 향해 질문을 던집니다.

"지금 무슨 생각을 하고 있어?"

낙타가 대답을 합니다.

"나는 누구인지, 나는 왜 사막을 건너려는 건지,

그걸 알고 싶어."

'4'

세바시 인생질문 1

나는 누구인가

세바시는 2011년 5월 대한민국 최초로 콘서트 규모의 공개 강연회를 시작했습니다.
이후 10여 년간 매월 두 차례 이상 강연회를 열어 국내 강연 문화의 부흥을 이끌었습니다.
2020년 9월 유튜브에서 다양성 기반의 지식 강연 채널로는 유일하게 100만 구독자 보유를
달성했고 총 260여만 명의 소셜 미디어 채널 구독자를 보유한 브랜드로 성장했습니다.
국내 대표 강연 콘텐츠 브랜드 세바시는 세상의 다양한 질문과 생각, 경험을 강연 스토리에
담아 확산하고 그 이야기가 더 나은 삶과 세상을 위해 양질의 교육과 배움이 되는 것을
꿈꾸고 있습니다.

세바시 인생질문 1

나는 누구인가

펴낸날	2020년 12월 14일 초판1쇄
	2021년 6월 28일 초판3쇄
지은이	세바시 인생질문 출판 프로젝트팀
펴낸이	구범준
펴낸곳	(주)세상을바꾸는시간15분
	출판등록_ 2019년 3월 19일 제 2019-000015호
	서울시 양천구 목동서로 159-1 CBS 7층
	T 070-7758-2102
	www.sebasi.co.kr
	friends@sebasi.co.kr
북프로듀서	이나미
구성작가	김혜령, 손수현
표지그림	기마늘
낙타그림	이연수
진행	연지영, 노상용
지원	우호진, 조승현, 김민주, 이슬아, 최준용, 최현경, 백예일, 김영은
편집/디자인	스튜디오바프

ISBN 979-11-972814-1-9
ISBN 979-11-972814-0-2 (세트)

세바시 인생질문 1

나는 누구인가

세상을
바꾸는
시간 15

더 새롭게, 내일을 바꾸기 위한 준비

세바시, 10주년을 맞다

2021년 5월, 세바시가 만 열 살이 됩니다. 국내 강연 콘텐츠로는 가장 많은 나이가 아닐까요? 만 9년 동안 끊이지 않고 공개 강연회를 연 것도 세바시가 유일합니다. 누적 관객 수만 10만 명에 가깝고, 누적 조회 수도 10억 회를 넘을 것으로 추정됩니다. 강연 문화는 가히 세바시 이전과 이후로 나뉜다고 말해도 지나치지 않습니다.

두어 해 전부터 생각이 많았습니다. 10주년 기념행사를 오래 기억에 남을 강연회로 열어야 하니까요. 1천 명의 강연자 모두가 세바시 팬들과 함께 하는 행사. 상상만으로 가슴이 뛰었습니다. 하지만 상상은 계획이 되지 못했습니다. 생각지도 못했던 코로나19가 사람들이 모이고 만나는 길을 끊어 버렸습니다. 지난 9년 쉼 없이 열었던 세바시 공개 강연회마저 중단됐습니다. 세상은 코로나19 이전과 이후로 나누어지고 말았습니다.

세바시 10주년을 기념하는 방법을 바꿔야 했습니다. 낡은 생각은 코로나 이후 세상과 통할 수 없게 됐으니까요. 세바시 10주년이라면 달라야 합니다. 거기에 세바시스러운 생각과 행동을 담아야 합니다. 하루로 끝날 이벤트가 아니라 앞으로의 10년의 삶을 바꿀 변화를 만들어야 한다고 생각했습니다.

세바시는 답이 아니라 질문이다

세바시에는 반드시 누군가의 발견과 자각의 이야기가 담겨 있습니다. 이야기는 늘 강연자가 품었던 어떤 질문으로부터 비롯됩니다. 질문이 강연자 자신만의 답이 되는 과정을 듣는 것은 흥미롭습니다. 그것이 세바시의 재미입니다.

어쩌면 당신은 세바시를 삶이 던지는 질문에 대한 답이라고 생각할지 모릅니다. 하지만 그 반대입니다. 세바시는 오히려 질문입니다. 강연자의 이야기를 다 듣고 나면, 당신은 짧은 질문 하나를 떠올릴 것입니다. '그럼 나는?' 그 순간 강연자가 자신에게 던졌던 질문은 당신에게 돌아옵니다. 이제 그 질문에 당신이 답할 차례입니다. 그것이 세바시의 쓸모입니다.

세바시가 묻고, 당신이 답을 쓰다

사랑하면 질문이 많아집니다. 사랑하는 사람에겐 궁금한 것도 많습니다. 사랑하는 이의 기분이 어떤지, 하루를 어떻게 지냈는지, 하고 싶은 것은 무엇인지. 질문이 꼬리에 꼬리를 뭅니다. 하지만 정작 당신 자신에게는 어떤가요? 잘 묻지 않습니다. 당신은 자신에게 무뚝뚝한 존재인가요?

아닙니다. 우리는 압니다. 당신이 당신을 얼마나 사랑하는지. 당신은 늘 더 나은 삶을 추구합니다. 더 성장하고 싶어 합니다. 그 욕구를 품고 있는 것만으로도 당신은 자신을 충분히 사랑하는 사람입니다. 다만 방법을 모르고, 시작이 낯설 뿐입니다.

그래서 세바시가 제안합니다. 세바시 강연으로부터 100개의 질문을 뽑았습니다. 당신은 누구이고, 당신의 욕구는 어디를 향하고 있으며, 당신이 무엇을 하고 싶은지를 묻는 '인생질문'입니다.

어쩌면 흔한 질문일지 모르겠습니다. 당신의 삶에 낯설고 무관한 질문일 수도 있습니다. 또 어떤 질문은 고통스러울지도 모르고, 또 어떤 질문은 바보스러울 수도 있습니다. 하지만 이 질문들을 '인생질문'이라고 부르는 이유는, 질문이 당신을 향하기 때문입니다. 당신이 직접 답을 써야하기 때문입니다. 질문마저 당신의 것이라면 완벽하겠지요. 그러나 이번에는 세바시가 돕겠습니다. 당신이 답하는 순간, 당신을 향한 질문은 모두 인생질문이 됩니다.

세상을 바꾸는 주인공은 당신

사람은 세 가지 일을 반복하는 것으로 배우고 성장합니다. 그 세 가지란 듣기와 쓰기, 그리고 말하기입니다. 세바시의 콘텐츠는 이를 궤도로 삼아 돌아갑니다. 지난 10년 세바시가 집중한 일은 '듣기'입니다. 우리 사회에 속한 1,300여 명의 사람들이 세바시에서 강연했고, 당신은 그들의 이야기를 들었습니다. 이제 강연자가 던진 질문에 당신이 답을 씁니다. 이것이 '쓰기'입니다. 쓰기란 삶을 성찰하고 생각을 길어 올리는 과정입니다. 오직 쓰기를 통해서만 생각은 행동이 됩니다. 쓰기를 통한 행동은 결국 삶을 바꿉니다. 변화된 삶은 세 번째 과정, 즉 '말하기'를 통해 세상에 전해지고, 이를 들은 다른 사람의 쓰기로 이어질 것입니다. 세바시는 이 선순환 속에서 일합니다.

많은 분이 묻습니다. 세바시 10년, 그래서 세상을 바꾸었느냐고. 우리는 그렇다고 대답합니다. 국가나 사회 제도로서의 세상까지는 몰라도, 누군가의 삶을 바꿨다고 자부합니다. 세상의 변화는 늘 누군가의 각성과 도전으로부터 비롯되니까요. 이것이 세바시가 세상을 바꾸는 방식이며, 결국 당신이 세상을 바꾸는 주인공이 되는 이유입니다.

이 책은 세바시가 10년 동안 세상을 바꿔 나갔던 고민과 성과를 담고 있습니다. 그리고 당신이 더 나은 삶으로 나아가는 과정은 이와 다르지 않을 것입니다. 세바시 인생질문에 당신만의 답을 써주세요. 당신의 답이 앞으로 10년의 삶을 바꾸고, 다가올 10년 뒤의 세상을 변화시킬 것입니다. 이것이 세바시가 10주년을 기념해 세상에 내놓는 캠페인입니다. 함께해 주시길 부탁드립니다.

세바시 대표 PD
구 범 준

'나는 누구인가'라는 질문을 시작하며

우리 모두에게는 주어진 삶을 만족스럽게 꾸려 가고 싶은 자연스런 욕구가 있습니다. 영문도 모른 채 세상에 던져진 수동적인 존재였지만 누구나 능동적으로 살아가기를 희망합니다. 주어진 삶을 자신에게 가장 좋은 방향으로 이끌어 가고 싶어하지요. 당신 또한 그러할 것입니다.

하지만 현실은 바람과는 다를 수 있습니다. 오히려 방향을 잃고 헤매고 있는 중일지도 모르겠습니다. 삭막한 사막과 같은 삶의 한가운데에서 도저히 방향을 알 수 없어 멈추어 있을지도요. 그런데 어디로 어떻게 가야 할지 제대로 알기 위해서는 지금 당신이 어디 서 있는지를 점검하는 것이 먼저입니다. 지도를 펼쳐 놓고 목적지를 정하기 전에 출발점을 확인해야 하는 것처럼요. 당신이 원하는 곳으로 자유롭게 나아가기 위해서는 당신이 어떤 사람인지 먼저 알아야 하는 것이지요.

《세바시 인생질문》1부 '나는 누구인가'에는 당신을 탐색할 수 있는 질문들이 가득합니다. 당신을 가슴 뛰게 하는 것은 무엇이며 당신을 두렵게 하는 것은 무엇인지를 알아볼 기회를 제공합니다. 당신의 자존감은 건강한지, 무심코 사용하는 방어 기제는 무엇인지, 또 한계와 슬럼프에 대해서도 생각해 볼 수 있게 합니다. 당신도 모르던 내면을 충분히 살펴볼 수 있는 주제들이지요. 세상을 살아가는 데에 가장 기본이 되는 질문이자, 가장 중요한 질문들이 펼쳐질 것입니다. 이 질문에 답을 찾는 과정은 태어나서 처음으로 당신과 가까워지는 시간이 될지도 모릅니다. 당신의 민낯을 가장 가까이 마주하는 시간이 될 테니까요.

세상의 속도에 맞추어 살아가느라 바쁘게 걸어왔다면 이제 그 속도를 조금 낮추어 보는 건 어떤지요. 반복되는 일상에 지치고 때때로 '나'를 잃어버린 것 같은 느낌이 들었다면 이제 잠깐 쉬어 갈 필요가 있습니다. 시선을 자신에게로 돌려 '인생질문'과 함께 진짜 자신을 찬찬히 살펴보는 것입니다. 당신의 내면에는 무엇이 있는지, 당신은 당신 자신과 어떤 관계를 맺고 있는지, 그동안의 경험들은 당신에게 어떤 영향을 주었는지를 알아 가면서 당신만의 고유한 색깔과 결을 되찾아 주는 겁니다.

때로 답하기 어렵고 막막한 질문이 있기도 하겠습니다. 평소 전혀 생각하지 못했던 주제이거나 당신에게 유독 어려운 주제이기 때문일 겁니다. 그럴 때에는 섣불리 답을 써내리기보다 일상 속에서 시간을 들여 천천히 고민해 보기 바랍니다. 여러 번에 걸쳐 빈 여백을 조금씩 채워 가도 좋습니다.

'인생질문'을 통해 그 무엇보다 큰 앎의 즐거움이 함께하기를 바라며. 자, 이제 진정한 자아를 찾는 즐거운 여정을 시작하시기 바랍니다.

1

각 질문의 '제목'에 해당하는 내용입니다. 꼭 순서대로일 필요 없이 마음이 끌리는 제목을 '오늘의 질문'으로 선택하세요.

2

질문의 주제를 중심으로 생각의 문을 열어줄 글입니다. 워밍업을 하듯 천천히 글을 읽으며 자신의 내면과의 대화를 시작해 보세요.

3

생각을 문장으로 구성하기에 앞서 먼저 머릿속에 떠오르는 다양한 단어, 짧은 표현 들을 나열해 보세요. 한꺼번에 칸을 모두 채우려 하지 말고 생각이 날 때 추가하는 방식으로 활용해 보세요.

4

보다 다양한 관점에서 생각을 이끌어 낼 수 있도록 던져진 3개의 세부 질문을 중심으로 보다 디테일하게 '나 자신'의 이야기를 꺼내어 상황에 대한 설명, 배경에 대한 설명을 더해 보세요. 문장의 형식을 갖추거나 완성하려는 노력보다는 자신의 이야기 그 자체에 집중하는 것이 더 중요합니다.

5

해당 주제와 관련하여 깊이 있는 영감을 줄 세바시 강연 라이브러리를 참고해 보세요. 스마트폰의 QR코드 스캐너 앱을 활용하면 유튜브에 올라와 있는 영상을 바로 시청할 수 있습니다.

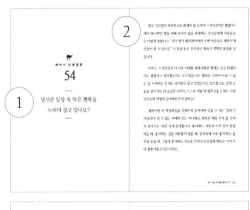

차 례

세 바 시 인 생 질 문

1

—

오늘 당신은 안녕한가요?

—

새로운 사람을 만나면 우리는 자연스럽게 묻습니다. 이름, 나이, 하는 일, 그리고 취미까지. 그 사람에 대해 알고 싶은 마음에 다양한 질문들을 던집니다. 그리고 그 사람과 관계가 깊어질수록 질문의 깊이도 달라집니다. 요즘은 어떻게 지내는지, 무엇이 고민인지, 또 어떻게 해결해 나가고 있는지. 하지만 정작 그 질문을 스스로에게 던져 본 적은 별로 없는 것 같아요.

우리는 어쩌면 우리 자신에게 가장 무뚝뚝한 존재들인지도 모르겠습니다. 아침 출근길에 마주친 사람에게 웃으며 '안녕하세요?'라고 물으면서도, 거울 앞에 마주하는 자신의 안부엔 소홀할 때가 많지요. 어떤 순간엔 자신에 대해 잘 모르겠다는 생각마저 듭니다. 그건 혹시, 우리가 적절한 때에 적절한 질문을 스스로에게 던지지 못해서가 아닐까요?

누군가가 궁금한 만큼 자신에게 궁금한 것들을 한번 떠올려 보세요. 오늘 어떤 생각을 하면서 보냈는지, 어떤 것이 기뻤고, 또 어떤 것이 힘들었는지. 그러다가 자연스럽게 자신이 어떤 사람인지에 대한 질문도 던져 보세요. 우리가 가장 잘 알아야 하는 건, 그리고 가장 잘 보살펴야 하는 대상은 그 누구도 아닌 '나 자신'이니까요.

# #

당 신 의 삶 을 반 올 림 할 해 시 태 그

자신의 안부를 묻기 위해 필요한 질문 :

#

#

#

#

#

#

#

#

#

#

#

#

1) 그중 가장 마음에 와닿는 질문은 무엇인가요? 그 질문에 대해 어떻게 답할 수 있나요?

2) 그중 가장 대답하기 어려운 질문은 무엇인가요? 그 이유는 무엇 때문일까요?

3) 하루에 한번씩 스스로에게 던지면 좋을 질문은 무엇일까요? 그 질문들은 당신의 삶을 어떻게 변화시킬 수 있을까요?

세바시 1075회 | 인생이 바닥일수록 던져야 하는 질문 | 신 동 미

배우입니다. 오랜 무명 시절을 거치다 2019년 KBS <왜그래 풍상씨>를 통해 대중에게 널리 이름과 얼굴을 알렸습니다. 오랜 무명 생활을 견디는 동안 배우가 자신의 길이 맞는지 의심이 끊이지 않았습니다. 하지만 그럴 때마다 스스로에게 질문했습니다. "Who am I?" 좋은 시절이든 나쁜 시절이든 내가 누구이며 무엇을 원하는지 질문했을 때 나아가야 할 길이 보였습니다.

세 바 시 인 생 질 문

2

———

당신은 긍정적인 태도를
가진 사람인가요?

———

우리는 매일 수많은 사람과 마주칩니다. 출근길 지하철에서도, 오랜 시간을 보내는 회사에서도, 점심에 들렀던 음식점에서도 우리는 다양한 태도를 가진 사람들을 만나게 되지요. 어떤 이는 웃으며 먼저 인사를 건네기도 하고, 또 어떤 이는 시종일관 무표정한 얼굴로 상대방을 대하기도 합니다. 누군가에겐 낯설게 느껴질 수 있는 태도지만, 그에겐 이미 일상이 되어 버린 습관같은 것일 수도 있습니다. 이러한 태도는 우리 삶에 생각보다 많은 영향을 끼칩니다.

혹시 그런 날이 있지 않나요? 뭘 해도 잘 풀리는 날과 뭘 해도 꼬이는 날. 그런 날 혹시 당신은 그날의 운수가 좋은 덕분이거나 운수가 나쁜 탓이라고 생각하지는 않나요? 그러나 진정한 마법은 운수가 아닌, 일상 속 작은 태도로부터 비롯됩니다. 안 좋은 일이 커질 수도 있는 상황에 제때 사과를 건넬 줄 아는 태도와 수많은 고민을 걷어내고 심플하게 생각하는 태도, 작은 일에도 감사할 줄 아는 태도와 누구에게든 부드럽게 대하는 태도. 이런 긍정적인 태도들이야말로 우리 삶을 행복으로 이끄는 주문입니다. 그 어떤 것보다도 확실한, 그런 주문 말입니다.

오늘 하루, 자신의 태도는 어땠는지 곰곰이 생각해 보세요. 사소한 일일지라도 크게 기뻐하고 감사했는지, 부정적인 감정에만 너무 매몰되어 있진 않았는지. 그 작은 태도 하나하나가 우리의 삶을 결정한다는 사실을 잊지 마세요.

# #

당신의 삶을 반올림할 해시태그

자신의 태도 중 부정적이라고 여겨지는 점 :

\#

\#

\#

\#

\#

\#

\#

\#

\#

\#

\#

\#

1) 자신이 지닌 부정적 태도 중 가장 시급하게 개선이 필요하다고
느껴지는 것은 무엇인가요? 그 이유는 무엇인가요?

2) 누군가의 긍정적 태도로 인해 어려움을 극복한 경험이 있나요?
그때 또 다른 누군가가 가졌던 부정적 태도는 무엇이었나요?

3) 당신이 가진 긍정적 태도 중 가장 마음에 드는 것은 무엇인가요?

세바시 14회 | 태도의 힘 | 유인경
<경향신문>에서 20년 동안 기자로 일했습니다. 최초로 정년 퇴임까지 일을 한 여성 신문 기자이기도 합니다. 취재 활동을 통해 수백 명의 사람을 만나며 인터뷰했고, 그 과정에서 '괜찮은' 사람들이 지닌 삶과 타인에 대한 태도가 무엇인지 깨닫게 되었습니다. 현재는 방송 활동과 강의 등을 통해 평범한 이들의 일상적인 태도에 물음표를 던지며 '괜찮은 사람으로 사는 법'에 대한 이야기를 나누고 있습니다.

세 바 시 인 생 질 문

3

—

당신은 스스로에게

당당한 삶을 살고 있나요?

—

건강하고 풍족하게 사는 것만큼이나 양심을 지키며 바르게 사는 것은 중요합니다. 혼자 살아가는 세상이 아니라 많은 사람들이 어울려 사는 사회이기 때문에 더더욱 그렇지요. 하지만 요즘처럼 경쟁이 치열한 사회에서 그럭저럭 살아 내는 것도 힘든 판에 바르게 살기를 우선순위에 둔다는 것은 쉬운 일이 아닐 겁니다.

양심을 지키며 바르게 살아가려 노력하는 사람들도 일상 속에서 알게 모르게 부끄러운 행동을 하는 경우가 종종 있어요. 사람이 다니지 않는 도로에서 신호 위반, 반려견과의 산책 중에 배변 처리를 방치하는 경우, 공원과 같은 공공장소에서 쓰레기 정리를 소홀히 하는 경우 등 직접적으로 남에게 피해가 가지 않기 때문에 무심코 저지르는 행동들이 대부분이에요. '이 정도쯤이야' 라는 생각은 그 행동을 반복하게 만들고요.

청렴은 부끄러운 것을 아는 것에서 시작됩니다. 무심코 양심에 어긋나는 행동을 하려 할 때 스스로 부끄럽지 않은지 되물어 보는 건 어떨까요. 우리가 더 양심적으로 행동한다고 해서 알아주는 사람은 없겠지만 적어도 스스로에게만큼은 떳떳한 사람일 수 있으니까요. 청렴하게 살고자 노력하는 것은 함께하는 사회를 지혜롭게 살아가는 꽤 괜찮은 방법입니다.

\#

당신의 삶을 반올림할 해시태그

자신의 삶이 당당하다고 느껴질 때 :

\#

\#

\#

\#

\#

\#

\#

\#

\#

\#

\#

\#

1) 무심코 한 선택이나 행동에 대해 부끄럽게 여기게 된 일이 있다면 무엇인가요?

2) 자신의 실수나 잘못을 깨끗이 인정함으로 마음이 편해진 경험이
있다면 무엇인가요?

3) 남들의 눈치를 보지 않고 소신대로 행동함으로 당당함을 느낀 경험이 있다면 무엇인가요?

세바시 1071회 | 쪽팔리게 살지 맙시다 | 김 지 윤

MIT에서 정치학 박사 학위를 받았으며, 아산정책연구원 여론분석센터 센터장으로 활동했습니다. MBC <100분 토론>, KBS <거리의 만찬>, TBS교통방송 <김지윤의 이브닝쇼> 등의 프로그램 진행자로 대중에게 이름을 알렸습니다. 그는 우리 사회의 불균형과 부조리의 원인을 우리가 누려야 할 권리가 희생당하고 있다는 데서 찾습니다. 그리고 말합니다. "세상이 챙겨 주지 않는 나의 권리를 직시하자"고.

세 바 시 인 생 질 문

4

—

당신은 자신의 고유한 욕망에 대해

잘 알고 있나요?

—

우리는 행복하기를 기대하면서 하루하루 최선을 다해 살아가고, 많은 것들을 견디며 살아가기도 합니다. 더 나은 삶을 위해서 열심히 공부하며 지식을 쌓고 많은 것을 성취하기도 했지요. 하지만 그러다가도 어떤 날은 '무얼 위해 이렇게 열심히 노력하는 거지?'라는 의구심이 들 때가 있습니다. 노력한 만큼 행복해질 수 없을지도 모른다는 두려움이 들기도 합니다. 자연스러운 두려움이지요.

열심히 노력한 결과 지식이 증가하고 경험이 쌓였지만 그것이 곧 행복은 아닐 겁니다. 지식과 경험이 항상 더 나은 삶을 보장해 주는 것은 아니지요. 아무리 큰 성취를 하고 어마어마한 지식을 가졌다 하더라도 자기 자신에 대한 이해가 없다면 결국엔 방황할 수밖에 없습니다.

인간은 '자기 자신'으로서 존재할 때 자유로워지고 비로소 행복을 향해 걸어갈 수 있습니다. 그리고 그 삶은 자신의 욕망을 이해하는 것으로부터 시작됩니다. 욕망이야말로 자발적으로 움직이는 힘, 그리고 즐겁게 삶을 영위할 수 있도록 이끄는 힘을 가지기 때문이지요. 자기만의 고유한 욕망을 잘 알고 있는 사람이야말로 자신만의 고유한 행복을 잘 찾아나아가게 됩니다.

# #

당신의 삶을 반올림할 해시태그

당신의 욕망을 부추기는 것 :

#

#

#

#

#

#

#

#

#

#

#

1) '이것만큼은 꼭 가져야 한다'고 유난히 욕심을 내는 물건이 있다면 무엇인가요? 그 이유는 무엇인가요?

2) '이것만큼은 꼭 이래야 한다'고 유난히 고집하는 일이 있다면 무엇인가요? 그 이유는 무엇인가요?

3) 당신의 외모, 성품, 지위, 재산, 물건 중 마지막까지 절대로 포기할 수 없는 세 가지를 꼽는다면 그 내용은 무엇인가요?

세바시 135회 | 자신의 욕망에 집중하라 | 최 진 석

서강대학교 철학과 명예 교수입니다. 도가 철학을 공부했고, 인문 철학을 대중에게 전하는 데 큰 기여를 해왔습니다. 그는 현대인이 지식과 경험은 많아졌지만 자유롭지도, 행복하지도, 성숙하지도 않은 존재라고 주장합니다. 인간이 정말 행복하려면, 자신의 욕망을 마주하는 것에서부터 시작해야 한다고 말합니다.

세 바 시 인 생 질 문

5

—

당신을 가슴 뛰게 하는 것은

무엇인가요?

—

어린 시절에는 매일 밤 두근거리는 마음으로 잠자리에 들곤 했습니다. '내일은 또 어떤 재미있는 일이 생길까?' 하는 기대감 때문이었지요. 그땐 매일이 새로운 일, 즐거운 일들로 가득했고, 호기심 넘치는 날들이 계속됐습니다. 하지만 그때의 어린이는 두근거림을 잊은 어른으로 자라고 말았습니다. 행복한 삶을 살고 싶다는 소망은 그대로 간직한 채로 말입니다.

이 세상에 즐거운 삶을 원하지 않는 사람은 아무도 없을 겁니다. 특별한 일로 가득한 일상을 모두가 원하지요. 하지만 정작 자신을 즐겁게 할 일을 찾으려는 노력에는 소홀합니다. 세상은 새롭고 재미난 일들로 가득한데, 익숙한 일상의 반복 속에 갇혀 더 넓은 세상으로 시선을 돌리지 못하고 있는 건 아닐는지요.

자신이 어떤 것에 재미를 느끼는지는 많은 경험을 통해서만 알 수 있습니다. 직접 몸을 던져 보지 않고는 깨닫기 어려워요. 재미를 느끼는 일들이 많아질수록 우리의 삶은 어릴 적 두근거리던 마음을 되찾을 수 있습니다. 어린아이와 같은 호기심을 잃지 않는다면 굳이 행복을 찾아 나서지 않더라도, 우리 자신도 모르는 사이 행복한 삶을 계속해서 이어 나갈 수 있을 것입니다.

# #

당신의 삶을 반올림할 해시태그

아직도 당신의 가슴을 두근거리게 하는 일 :

\#

\#

\#

\#

\#

\#

\#

\#

\#

\#

\#

\#

1) 어릴 적 당신의 가슴을 두근거리게 했던 일은 무엇인가요? 그때의 두근거림은 지금과는 어떻게 다른가요?

2) 가장 최근의 일 중 새롭게 가슴 두근거려진 경험이 있다면 무엇인가요? 어떤 느낌이 들었나요?

3) 계획 없이 마음이 시키는 대로 해본 일이 있다면 무엇인가요?
그 과정은 어땠나요?

세바시 972회 | 한국인이 행복하지 않은 이유 | 김 선 진

경성대학교 디지털미디어학부 교수입니다. 어떻게 살고 싶냐는 물음에 '항상 재미있게 살고 싶다'고 답하며 살아왔습니다. 다양한 방송사와 미디어 기업을 거친 이유도 경험을 통한 재미를 찾기 위함이었습니다. 행복하지 않다면 재미를 느낄 만한 일을 찾아나서라고 말하는 그의 메시지는 익숙함에 함몰되어 재미없게 살아가는 이들의 마음에 새로운 기대감을 선물합니다.

세 바 시 인 생 질 문

6

———

당신의 뇌는 언제

가장 기분 좋은 상태가 될까요?

———

학창 시절, 좋아하는 과목은 유난히 성적이 좋았던 기억이 납니다. 다른 과목에 비해 수업 시간도 더 빨리 흘러가는 것 같고, 이해도 더 잘되는 것 같은 느낌이 들었지요. 하지만 심리학자 게르트뤼에의 '기분과 학습의 상관관계'에 대한 실험을 보면 그게 단순히 느낌만이 아니었던 걸 알 수 있습니다.

뇌 과학자들의 주장에 따르면, 감정과 기억은 대부분 동일한 회로를 사용하고 서로를 강화시켜 주는 역할을 한다고 합니다. 감정적으로 즐거운 상태일 때 뇌의 신경 세포를 연결해 주는 시냅스에서 신경 전달 물질의 분비도 원활하게 이루어진다는 것이지요. 우울한 그룹에 비해 명랑한 그룹이 훨씬 더 문제를 잘 풀고 훨씬 더 기억을 잘한다는 결과가 나온 건 어쩌면 당연한 일인지도 모르겠네요.

새로운 일이든 익숙한 일이든 우리의 뇌가 언제 가장 즐거운 상태를 유지하는지 알아볼 필요가 있습니다. '나는 무엇을 할 때 즐거운가?' 스스로에게 질문해 보는 과정이 필요해요. 그리고 잘할 수 있다고 격려해 주는 것도 잊지 말아야 합니다. 우리의 뇌는 즐겁고 안정된 상태를 유지할 때 가장 긍정적인 결과를 불러올 수 있으니까요.

# #

당신의 삶을 반올림할 해시태그

당신의 뇌가 즐거움을 느끼는 순간 :

\#

\#

\#

\#

\#

\#

\#

\#

\#

\#

\#

\#

1) 시간 가는 줄 모르고 신이 나서 어떠한 일에 몰두하고 집중해 본 경험이 있다면 무엇인가요?

2) 당신의 뇌가 즐거운 경험을 할 때 당신의 육체적, 심리적 상태는
어떻게 달라졌나요?

3) 당신의 뇌가 즐거워하는 사이 뜻밖의 성과를 얻은 경험이 있다면 무엇인가요?

세바시 643회 | 기분 좋은 뇌가 공부도 잘한다 | 우 명 훈
교육 기업 폴앤마크의 강사입니다. 기업과 학교에서 조직 문화와 소통 그리고 학습법 등을 강의합니다. 자기의 성향을 성찰하고, 자신에게 꼭 맞는 학습법을 찾는 것에 깊은 연구과 많은 임상 경험을 가지고 있습니다. 이 경험을 바탕으로 세바시 청소년 캠프의 전 과정을 디자인하고, 캠프 리더로 활약하고 있습니다.

세 바 시 인 생 질 문

7

———

당신이 가장 좋아하는 일,

잘할 수 있는 일은 무엇인가요?

———

우리는 어릴 적부터 모든 일에 최선을 다해야 한다고, 모든 걸 잘해야만 훌륭한 사람이 될 수 있다고 배워 왔습니다. 그래서 어떤 과목에서든 1등을 하는 것이 최고라고 여겼지요. 하지만 같은 반 친구들을 유심히 살펴보면 각자가 잘하는 것이 다름을 느낄 수 있었습니다. 모든 과목을 두루 무난하게 잘하는 친구도 있었지만, 유난히 언어 능력이 뛰어난 친구, 특출나게 그림을 잘 그리는 친구도 있었고요. 그들은 본인이 가장 잘하는 과목을 만났을 때, 가장 빛나고 즐거워 보였습니다.

어른이 된 우리도 다르지 않습니다. 같은 회사에서 같은 업무를 맡더라도 각자가 좋아하고 잘할 수 있는 일은 다릅니다. 누군가는 문서 정리를 완벽하게, 또 누군가는 프레젠테이션을 능숙하게 잘합니다. '나는 왜 저 사람처럼 하지 못할까'라는 마음이 들 때도 있지만, 각자 좋아하는 일, 잘할 수 있는 일이 분명 존재합니다. 그 사실을 인지할 때, 비로소 자신만의 목표를 가질 수 있게 되는 것이지요.

그때부터 비교 대상은 옆자리의 김대리나 다른 부서의 동기가 아닌 자신이 됩니다. 세상이 정해 둔 기준이 아닌, 스스로가 정한 뚜렷한 기준을 갖고 달려 나갈 수 있습니다. 그리고 그 길의 끝에는 분명 세상 무엇과도 바꿀 수 없는 보상이 기다리고 있을 것입니다. '내가 만족하는 나'라는 이름의 보상 말입니다.

# #

당 신 의 삶 을 반 올 림 할 해 시 태 그

이것 하나만큼은 자신 있다고 말할 수 있는 일:

\#

\#

\#

\#

\#

\#

\#

\#

\#

\#

\#

\#

1) 당신을 가장 즐겁고, 만족스러운 상태로 만들어 주는 일은 무엇
인가요?

2) 좋아서 시작한 일이 자신도 모르는 사이 잘하는 일이 되어 버린 경험이 있다면 무엇인가요?

3) 당신이 좋아하는 일, 그래서 잘할 수 있게 된 일을 중심으로 더 큰 꿈을 펼친다면 어떤 도전을 해보고 싶은가요?

세바시 1106회 | 누구나 하나쯤 잘하는 게 있다 | 김 영 철

영어를 잘하기로 소문난 개그맨입니다. 항상 에너지가 넘치고 자신감이 넘치는 그이지만, 개그맨으로서 웃겨야 한다는 부담감으로 스트레스를 많이 받기도 했습니다. 그러나 그 과정에서 자신이 좋아하고 잘할 수 있는 일을 발견했고 세계적인 개그맨이 되겠다는 새로운 꿈을 품게 되었습니다. 각자의 능력과 재능이 다르다는 것을 알게 될 때, 자신만의 목표를 가질 수 있다고 말합니다.

세 바 시 인 생 질 문

8

———

당신은 건강한 자존감을

가진 사람인가요?

———

사람들은 흔히 자신의 약점이나 결핍에 신경을 씁니다. 그러다 보면 당연히 심리적으로 위축이 됩니다. 긴장도 많이 하게 되고요. 긴장을 많이 하면 잘할 수 있는 일에도 능력을 다 발휘하지 못하는 경우가 생깁니다. 반대로 잘하는 부분에 초점을 맞추면 상황은 달라지죠. 자신감이 생기고, 능력을 십분 발휘하게 됩니다.

이렇듯 못하는 부분에만 무게를 두는 것과 잘하는 부분에 무게를 두는 것은 큰 차이가 있어요. 특히 자존감의 측면에서 그렇습니다. 자존감은 스스로가 자신의 능력에 대해 어떻게 생각하는지에 대한 관점을 포함하기 때문입니다. 부족한 점에만 몰두되어 있으면 자존감을 높이기가 어렵지요. '자기 자신'을 지나치게 엄격하게 평가하니 자존감이 낮아질 수밖에요.

건강한 자존감을 가진 사람들은 그렇지 않은 사람보다 성취나 수행 능력이 좋다는 연구 결과가 많습니다. 그렇다면 자존감을 위해서라도 약점보다는 강점에 더 관심을 갖는 게 좋지 않을까요. 스스로를 지적하고 채찍질하기보다는 잘하는 점을 더욱 격려하고 키우는 것이지요. 그런 태도를 통해 자존감을 건강하게 유지할 수 있다면, 잘 해내지 못할 거라고 생각했던 일까지도 용기가 생겨 뜻밖의 성과를 낼 수 있게 되지 않을까요?

# #

당신의 삶을 반올림할 해시태그

스스로를 평가할 때 기준으로 삼는 것 :

\#

\#

\#

\#

\#

\#

\#

\#

\#

\#

\#

\#

1) 당신은 스스로를 평가함에 있어 엄격한 편인가요, 느슨한 편인가요? 어떤 면에서 특히 그런가요?

2) 자신의 자존감을 낮추는 가장 큰 요인은 무엇이라고 생각하나
요?

3) 당신의 자존감에 긍정적인 영향을 주는 활동엔 어떤 것들이 있을까요?

세바시 1127회 | 못하는 것을 지적하는 대신 잘하는 것을 응원하면 생기는 기적 | 유 석 영
청각 장애인이 만드는 수제화 맞춤 제작 브랜드 '아지오'의 대표입니다. 아지오는 대통령의 구두로 잘 알려져 있습니다. 앞이 보이지 않는 CEO와 귀가 들리지 않는 장인들이 힘을 합하여 기적을 만들어 낼 수 있었던 비결로 그는 '건강한 자존감'을 강조합니다. 건강한 자존감은 약점이 아닌 강점에 주목하는 것이며 자신의 능력과 가능성을 믿는 것입니다.

세 바 시 인 생 질 문

9

———

약점이면서도 강점인,

당신만의 특별한 점은 무엇일까요?

———

우리는 저마다 약점을 안고 살아갑니다. 누구에게도 들키고 싶지 않아 꽁꽁 숨겨 두다가 어떤 계기로 인해 드러나게 되면 스스로를 자책하기 바쁩니다. '나의 이 점만 고치면 훨씬 나은 삶을 살 텐데' 싶은 생각이 드는 건 지극히 자연스러운 일이지만, 자신이 약점이라 여기는 부분이 모두의 눈에 약점으로 비치는 건 아니랍니다.

성격이 매우 예민한 한 사람을 머릿속에 떠올려 보세요. 작은 일에도 민감하게 반응해 그냥 넘어가는 법이 없는 사람입니다. 일에 있어서도 다르지 않지요. 남들보다 더 꼼꼼히 체크해야만 마음이 놓이고, 스트레스도 더 잘 받습니다. 그런 점을 스스로는 너무나 고치고 싶은 약점이라고 말하지만, 그와 함께 일하는 사람들은 정반대로 생각할 수 있습니다. 디테일하고 섬세한 그의 작업 스타일 덕분에 신뢰할 만한 동료라 여길 수도 있겠지요. 그의 보고서는 여러 번 살피고 또 살핀 결과물이라 늘 오타 하나 없이 완벽하니까요.

이렇듯, 누군가의 약점이 다른 이들에겐 강점으로 보일 수 있습니다. 예민하지만 섬세한 눈을 가진 사람. 무모하지만 용기 있는 사람. 자신의 모습에 대해 한 가지 시선이 아닌, 다양한 시선을 가질 수 있다면 우리는 자신만의 특별한 점을 발견할 수 있을지도 모릅니다.

# #

당신의 삶을 반올림할 해시태그

스스로 약점이라 여기는 것 :

\#

\#

\#

\#

\#

\#

\#

\#

\#

\#

\#

\#

1) 다른 관점으로 보았을 때, 강점이 될 수 있는 당신의 약점은 무엇일까요?

2) 약점이라 여겼던 점이 강점으로 발휘된 경험이 있다면 어떤 일이 있나요?

3) 자신이 지닌 약점 중 강점으로 바꾸고 싶은 것이 있나요? 그것을
어떻게 강점으로 바꿀 수 있을까요?

_____

_____

_____

_____

_____

_____

_____

_____

_____

_____

_____

세바시 1184회 | 저는 좀 과하게 도전합니다 | 이 영 지

힙합 오디션 '고등래퍼3'에서 우승을 차지한 래퍼로, 랩을 시작한 지 6개월 만에 전국의 쟁쟁한 아마추
어 래퍼들 제치고 당당하게 우승을 거머쥐었습니다. 어릴 때부터 유난히 무모한 도전을 즐겼던 그는 과
할 정도로 적극적인 성격 때문에 주변의 질타를 받기도 했는데요. 하지만 그 점은 오히려 그를 독보적
인 캐릭터로 만들어 주었습니다. '용기 내어 과하게 도전하라!' 랩을 통해 던지는 그의 메시지입니다.

세 바 시 인 생 질 문

10

———

당신의 잠재 능력을 발휘할
기회를 가져 본 적이 있나요?

———

우리는 '안 된다', '할 수 없다'라는 말을 곧잘 하곤 합니다. 나이가 많아서, 똑똑하지 않아서, 겁이 많아서, 혹은 이런저런 조건들을 이유로 자신의 능력을 한정짓고 시도조차 해보지 않는 경우가 많지요. 그러면서 부족한 부분에 더욱 연연합니다. 할 수 있는 것보다 할 수 없는 것에 집착하며 살아가는 겁니다.

어쩌면 자신에 대해서 모르기 때문에 더욱더 결점에만 집착하고 있었던 것은 아닐까요? 자신의 부족함과 단점에만 집중하고 있으면 다른 면을 볼 기회가 생기지 않지요. 스스로를 알아가는 방법 중 하나는 실제로 부딪혀 보는 겁니다. 그 이전에는 모든 게 추측에 불과하지요.

아직 경험해 보지 않은 것에 대해서는 '할 수 없는 것'이라고 단정짓기보다는, 하나의 가능성으로 바라볼 필요가 있습니다. 그리고 다양한 경험들에 개방적인 태도를 가져 보는 거지요. 설령 경험을 하고서 원하는 결과를 내지 못한다고 해도 '나'에 대한 이해의 폭을 넓혀 가는 것에는 성공한 거니까요. 그렇게 잠재되어 있는 것들을 하나씩 꺼내볼 기회를 스스로에게 주는 건 어떨까요. 스스로를 알아 가는 기쁨과 더불어 보석 같은 재능을 발견하여 새로운 길을 모색해 볼 수 있는 기회가 될 수도 있을 겁니다.

# #

당신의 삶을 반올림할 해시태그

잘할 수 없을 거라고 단정지어 버린 일 :

\#

\#

\#

\#

\#

\#

\#

\#

\#

\#

\#

\#

1) 그중 기회가 된다면 꼭 도전해 보고 싶은 일은 무엇인가요?

2) 그 일을 실현하기 위해 스스로에게 어떤 기회를 주고 싶나요?

3) 마음을 바꾸면 잘해 낼 수 있을 것 같은 일은 무엇인가요?

세바시 539회 | 보지 못하는 것을 보다 | 안 승 준

한빛맹학교의 수학 교사이자 칼럼니스트입니다. 그리고 시각 장애인입니다. 몇 해 전 허핑턴포스트코
리아에 기고한 글 '비너스를 느끼다'가 조회수 200만 회를 넘기고 5천여개 이상의 댓글이 달리면서 유
명인이 됐습니다. 그는 세상에 여러 가지 형태의 장벽은 존재하지만, 무너지지 않는 장벽은 없다고 말
합니다. 그는 오늘도 교사로서, 음악 밴드의 보컬로서, 무엇보다 장애인으로서 우리 삶에 가로놓인 장
벽에 열심히 맞서고 있습니다.

세 바 시 인 생 질 문

11

───

당신의 '한계'는 어디까지일까요?

───

나이가 들수록 능력이 점점 늘어날 것 같지만, 한정되는 경우가 더 많습니다. 대부분의 사람들은 자신이 활동하는 영역을 벗어나기 어려워합니다. 다른 분야에 대한 도전을 갈망하면서도 이제는 불가능하다고 결론지어 버리게 되는 거죠.

하지만 해내기 어려운 것과 불가능한 것은 엄연히 다릅니다. 성취하기 힘든 목표라고 해서 그것이 곧 '할 수 없는 것'이라고 단정 지을 수는 없습니다. 그럼에도 우리는 마음속으로 자신의 가능성을 한정 지으며 살아갑니다. 어렸을 때라면 주저 없이 도전했던 일들이 언제부턴가는 어렵게 느껴지는 겁니다. 생각이 많아지고 실패에 대한 두려움이 더욱 커졌기 때문입니다. 즉, 내면에서 스스로의 영역을 더 좁혀 버리는 것이지요.

어렵지만 가까스로 해냈을 때 자신의 한계를 극복하고 할 수 있는 일의 범위가 늘어나는 것을 경험할 수 있습니다. 그러기 위해서는 직접해 보는 수밖에 없어요. 머릿속 지식으로만 아는 것과 직접 몸으로 부딪히며 경험하게 되는 것의 차이는 큽니다. 한계를 지어 놓고 사는 삶과 그렇지 않은 삶은 어마어마하게 다릅니다. 실패란 성공하지 못한 것이 아니라, 아예 도전조차 하지 않은 것이 아닐까요. 내 한계가 과연 어디까지인지 확인해 보기 위해서라도 용기를 내보는 건 어떨까요.

# #

당신의 삶을 반올림할 해시태그

실패가 두려워 망설인 일 :

\#

\#

\#

\#

\#

\#

\#

\#

\#

\#

\#

\#

1) 이때까지 시도했던 일 중 실패라고 생각했던 일은 무엇이며, 왜 실패라고 생각하나요?

2) 낯설지만 어쩔 수 없이 하게 된 일이 생각만큼 어렵지 않았던 경험이 있다면 무엇인가요?

3) 실패하더라도 그냥 한번 도전해볼 수 있는 일이 있다면 무엇인가요? 어떤 점이 당신에게 도움이 될까요?

세바시 760회 | 나의 한계를 깨는 움직임 | 여 동 구

각종 요가 대회에서 우승을 휩쓴 요가 마스터입니다. 전 세계를 돌며 요가를 배웠고 현재 타우요가의 대표를 맡고 있습니다. 세계 각지의 다양한 스승으로부터 몸과 마음을 다스리는 법을 배웠습니다. 끊임 없는 명상과 수련을 통해 한계를 조금씩 깨나갔고, 이제는 타우요가를 통해 도전과 열정이 응축된 요가 의 가치를 전하고 있습니다.

세 바 시 인 생 질 문

12

———

도전과 안전,

당신의 선택은 어느 쪽인가요?

———

목표나 도전은 자신의 것인데도 불구하고 타인의 의견에 좌우되기가 쉽습니다. 이건 이래서 안 좋다 저건 저래서 위험하다 등등 수많은 말들이 우리의 행동에 영향을 주곤 하지요. 특히 부모님 혹은 가까운 사람들의 얘기는 가장 '안전 지향적인' 의견이 많을 수밖에 없습니다. 혹시라도 위험해지는 것을 원치 않으니까요.

그럼에도 자신만큼은 스스로를 다독이며 격려해야 합니다. 자기 인생의 주체로서 가져야 할 고민과 내려야 판단을 스스로 할 수 있도록 해주어야 합니다. 누구도 결과를 확신할 수는 없겠지만 성장하기 위해서는 계속해서 도전하지 않을 수 없어요. 안전 지향적인 선택만 한다면 점점 더 위험을 회피하는 방향으로 갈뿐더러 자신의 능력이 어디까지인지도 알 수 없겠지요. 우리에게 주어진 인생의 시간은 한번 도전해 보라고 주어진 게 아닐까요.

가끔은 무모하다싶은 목표를 정하고 무작정 해보는 것은 어떨까요. 어떤 계산도 두지 않고 시도해보는 그 자체에 의미를 두어보는 거지요. 처음엔 두렵지만 두 번 세 번 지나면 두려움이 문제가 되지 않는다는 걸 이내 알게 될 겁니다. 인생은 결론이 아니라 과정이고, 그 과정을 담대히 거쳐가보는 것 그 자체로 인생은 의미있는 것일 테니까요.

# #

당 신 의 삶 을 반 올 림 할 해 시 태 그

도전 자체에 의미를 두고 시도해 볼 수 있는 것 :

\#

\#

\#

\#

\#

\#

\#

\#

\#

\#

\#

\#

1) 새로운 것에 도전할 때 가장 큰 영향을 주는 사람은 누구인가요?
그로부터 어떤 영향을 받나요?

2) 당신의 도전을 주저하게 만드는 것에는 어떤 것들이 있나요? 그 이유는 무엇 때문일까요?

3) 도전해 보지 않아서 아쉬움이 남는 것들은 무엇인가요?

세바시 833회 | 도전의 가장 큰 적은 경험하지 않은 자들의 조언이다 | 오 현 호

꿈꾸면 이루고야 마는 행동력 있는 도전가이자, 파일럿입니다. 45개국 세계 일주, 삼성전자 입사, 비행기 조종사 등 못 이룬 꿈이 없습니다. 하늘을 날기 위해 미연방항공국 사업용 조종사 자격을 취득하고 경비행기로 최장거리 세계 일주에 도전했습니다. 그는 무언가를 도전할 때 가장 먼저 만나는 걸림돌은 경험하지 못한 자들의 섣부른 조언이라고 말합니다.

세 바 시 인 생 질 문

13

———

당신은 샛길에 빠져

방황해 본 적이 있나요?

———

우리는 꿈을 이루는 과정에서 다양한 샛길과 마주하게 됩니다. 이때, 꿈길을 잊어버린 채 샛길로 빠져 버리게 되는 이유는 사람마다 다양할 수 있습니다. 슬럼프, 주변의 시선, 사회적 통념 같은 것들이 그 원인이 될 수 있지요.

여기서 우리는 각자의 원인들에 대해 깊이 생각해 볼 필요가 있습니다. '슬럼프'라는 것이 사실은 나약한 마음이 부른 '가짜 슬럼프'는 아닌지, 주변의 시선을 신경쓰는 게 진정 도움이 되는 것인지, 사회적 통념이 오히려 꿈길을 막아서는 건 아닐지에 대해 말입니다. 샛길은 생각보다 쉽게 빠져 버릴 수 있지만, 그래서 더 쉽게 극복할 수 있는 것인지도 몰라요. '남들과 비슷한 꿈, 비슷한 속도로 살아야 한다'는 좁은 생각을 벗어나, 나만의 길을 찾아가겠다고 결심하는 순간, 세상은 샛길이 아닌 꿈길을 보여 줄 테니까요.

오늘도 우리는 실수하고, 자책하고, 불안해하면서도 계속해서 살아가는 연습을 합니다. 꿈길을 향한 발걸음이 늦춰지기도 하고 잠시 멈춰지기도 하겠지요. 하지만 잊지 말아야 할 것은 이러한 연습 없이는 더 나은 사람이 될 수 없다는 것입니다. 이 사실을 받아들인다면, 우리는 꿈길만을 바라보며 묵묵히 걸어갈 수 있을 것입니다.

# #

당 신 의 삶 을 반 올 림 할 해 시 태 그

살면서 경험한 슬럼프, 또는 샛길 :

#

#

#

#

#

#

#

#

#

#

#

#

1) 당신을 혼란에 빠뜨린 샛길을 만난 적이 있나요?

2) 그 샛길을 어떻게 극복할 수 있었나요?

3) 샛길에 빠지지 않기 위해 어떤 다짐들을 할 수 있을까요?

세바시 392회 | 꿈길에서 절대 빠지면 안 되는 세 가지 샛길 | 김 미 경

대한민국을 대표하는 동기 부여 강사입니다. 늘 새로운 도전과 성취를 이루는 사람으로 강사, 작가, 사업가, 패션 디자이너, 유튜버의 꿈을 실현시켜 가고 있습니다. 그녀의 삶을 관통하는 메시지는 하나입니다. 꿈길을 향한 발걸음을 멈추지 않을 때 꿈은 이루어집니다. 유튜브를 통해 김미경의 유튜브 대학을 만들었고, 수천 명의 학생이 이곳에서 인생의 두 번째 꿈을 이루기 위해 공부하고 있습니다.

세 바 시 인 생 질 문

14

———

당신은 남들의 시선으로부터

자유로운 사람인가요?

———

잘해야 한다는 부담감을 안고 시작한 일에서 이상하게 안 하던 실수를 하게 됩니다. 평소라면 덤덤히 해냈을 일도 이 '부담감'이라는 것이 한번 마음속에 들어오면 몸이 바짝 긴장을 하게 되지요. 반면, 될 대로 되라는 마음으로 시작한 일은 의외로 좋은 결과를 가져다주기도 합니다. 대체 왜 이런 일이 생기는 걸까요?

우리는 필요 이상으로 다른 사람의 시선을 의식하며 살아갑니다. '남들은 나를 어떻게 생각할까', '여기서 실패하면 사람들은 나를 뭐라고 생각할까' 하는 염려와 걱정들이 불필요한 부담감을 낳습니다. 이러한 부담감은 우리를 우리답지 못 하게 만듭니다. 반면, 어떤 일이든 그저 있는 그대로 마주하겠다는 생각은 긴장했던 어깨를 스르륵 풀리게 만듭니다. 행동도 자연스러워지죠. 복잡했던 머릿속도 어느 순간 말끔해지는 것을 느낄 수 있습니다. 남들의 시선으로부터 멀어질수록 본래 모습이 더 또렷해지는 것입니다.

그리고 보면, 실수로부터 자유로울 수 있는 방법은 '실수하지 않아야 한다'는 다짐이 아닐지도 모릅니다. 오히려 '실수해도 괜찮아'라는 마음, 그리고 '나답게 한번 해봐야지'라는 믿음이야말로 더 좋은 결과를 이끌어 내기 위한 방법이 아닐까요?

# #

당신의 삶을 반올림할 해시태그

유난히 신경 쓰였던 누군가의 말 :

#

#

#

#

#

#

#

#

#

#

#

#

1) 남들의 시선을 신경 쓰느라 제대로 하지 못한 일이 있나요?

2) 남들의 시선을 계속 신경 쓰게 되는 이유는 무엇인가요?

3) 소신껏 행동하는 데 도움이 되는 생각과 노력에는 어떤 것들이 있을까요?

_____

_____

_____

_____

_____

_____

_____

_____

_____

_____

_____

세바시 825회 | 힘들 때 힘을 빼면 힘이 생긴다 | 김 하 나

SK텔레콤 '현대생활백서', 네이버 '세상의 모든 지식' 등 히트 광고 카피를 쓴 카피라이터입니다. 독립 광고 회사 BB&TT의 공동 대표이기도 합니다. 아시아 젊은 광고인들이 겨루는 '영 로터스'상을 수상한 유일한 한국인이기도 합니다. 평생을 카피라이터로 살아가고 싶다는 그에게 글쓰기의 동기와 영감을 주는 것은 타고난 재능이 아니라, 그가 지닌 특유의 유연함과 말랑말랑함입니다.

세 바 시 인 생 질 문

15

—

당신은 저마다의 시간과 속도를

인정하며 살고 있나요?

—

우리가 사는 이 세상에도 '지옥'은 존재합니다. 사람이나 상황으로 인해 마음이 어지러워질 때, 그래서 모든 것들이 원망스러워질 때 우리가 있는 곳은 순식간에 지옥이 되어 버리고 말지요. 누구에게나 이런 지옥을 경험하는 순간이 있을 겁니다. 끊임없이 찾아오는 이 순간에 어떻게 대처하며 살아가야 하는 걸까요?

똑같은 상황을 겪더라도 사람마다 느끼는 것은 너무 다릅니다. 생김새가 다른 만큼 생각하는 것에도 차이가 있어요. 그래서 상황에 반응하고 대처하는 자세 또한 지극히 주관적이고 개별적일 수밖에 없습니다.

'이별' 하나만 보더라도 그렇습니다. 누군가는 며칠만에 훌훌 털어 버릴 수 있지만, 또 다른 누군가는 몇 년이 지나도록 괴로움을 놓아 버리지 못합니다. 저마다 치유되는 시간도 다르니까요.

여기서 우리가 잊지 말아야 할 사실은 각자의 시간과 속도를 존중해야 한다는 것입니다. 그걸 인정하는 순간, 서로가 주는 상처로부터 조금 더 자유로워질 수 있고, 각자의 속도와 생각에만 오롯이 집중할 수 있답니다.

# #

당신의 삶을 반올림할 해시태그

시간과 속도의 차이로 인한 갈등의 경험 :

#

#

#

#

#

#

#

#

#

#

#

#

1) 타인의 생각이나 가치관에 공감하지 못하여 마음이 편치 않았던 경험이 있나요? 어떤 내용이었나요?

2) 서로의 생각 차이를 받아들이기 위해 어떤 노력을 해보았나요?

3) 그 결과는 어떠했으며, 그 과정에서 어떤 감정을 느꼈나요?

세바시 800회 | 내 마음이 지옥일 때 | 이 명 수

상처받은 이들을 치유하는 심리 기획자입니다. 정신과 의사 정혜신 박사와 함께 우리 사회의 여러 형태의 폭력으로 인해 상처와 고통 속에 있는 사람들을 찾아나섰습니다. 그들을 위해 치유의 계기를 마련하고 도왔습니다. 그는 마음의 지옥을 경험하는 이유가 각자의 속도와 시간을 놓쳤기 때문이라고 말합니다. 그의 이야기는 많은 이들이 마음 지옥에서 벗어나는 것을 돕고 있습니다.

세 바 시 인 생 질 문

16

———

당신은 성숙한 방어 기제를

갖춘 사람인가요?

———

누구나 '방어 기제'라는 것을 갖고 있습니다. 평소에는 잘 드러나지 않다가 갈등이나 스트레스 상황에 처했을 때 나타나는 행동 패턴을 우리는 '방어 기제'라고 부릅니다. 이 말 저 말 가감 없이 다 쏟아내는 행동, 입을 꾹 다문 채 잠수를 타버리는 행동, 무작정 상대방을 탓하는 행동 등 사람마다 다양하게 나타납니다. 이러한 방어 기제가 가장 많이 부딪치는 관계가 바로 연인 사이입니다.

지금 우리 앞에 사소한 일로 다투고 있는 연인이 있다고 가정해 볼까요? 한 사람은 잠시 떨어져 생각할 시간을 갖기를 원하지만, 다른 한 사람은 지금 이 자리에서 바로 풀어 버리기를 원합니다. 이때 서로의 방어기제가 발동합니다. 떨어져 있어야 하는 사람과 붙어 있어야 하는 사람의 갈등은 더 깊어질 수밖에 없어요. 이럴 때 우리에겐 '이해'와 '타협'이 있어야만 하지요. 서로의 방어 기제를 이해하고 그 접점을 찾아 나가는 노력이 필요하지요. 자신과 다른 방어 기제라고 해서 분노하거나 무시하기보다 상황과 감정을 최대한 침착하게 표현하여 '성숙한' 방어 기제로 만드는 것이 중요합니다.

그런 노력이 있다면 연인 사이의 안정적인 관계는 자연스럽게 따라오는 결과일 것입니다. 사랑을 시작하는 것보다 더 어려운 건 사랑을 '유지'하는 것. 그것은 성숙한 방어 기제로부터 시작된다는 걸 잊지 마세요.

# #

당신의 삶을 반올림할 해시태그

당신을 불편하게 만든 상대방의 방어 기제 :

\#

\#

\#

\#

\#

\#

\#

\#

\#

\#

\#

\#

1) 당신은 어떤 방어 기제를 가진 사람인가요? 주로 어떤 상황에서 방어 기제를 사용하나요?

2) 서로 다른 방어 기제로 인해 갈등이 깊어진 경험이 있나요? 그 대상은 주로 누구였나요?

3) 당신이 생각하는 성숙한 방어 기제란 어떤 것인가요?

세바시 912회 | 사랑이 오래가는 비밀 | 윤홍균

윤홍균 정신건강의학과 의원 원장이며, 베스트셀러 '자존감 수업'의 저자입니다. 책과 강의를 통해 어려운 의학 용어와 원리를 쉽게 알려주고, 실생활에 바로 활용할 수 있는 명쾌한 답을 주는 의사가 되기 위해 노력하고 있습니다. '방어 기제'에 대한 정의와 성숙한 방어 기제를 위한 행동 지침을 잘 설명한 그의 세바시 강연은 300만 조회수를 훌쩍 넘기며 많은 사람들의 사랑을 받고 있습니다.

세 바 시 인 생 질 문

17

——

당신은 스트레스를

잘 다스리며 살고 있나요?

——

삶을 살아가는 동안, 스트레스 없이 보낼 수 있는 날이 단 하루라도 있을까요? 크든 작든 마음을 어지럽게 하는 일은 너무도 많습니다. 눈을 뜨는 순간부터 잠자리에 드는 순간까지 우리는 스트레스를 받을 수 있는 환경에 계속해서 노출됩니다. 이미 해결된 줄 알았던 일도 예상치 못한 순간 불쑥 얼굴을 내밀어 마음을 어지럽히죠. 그럴 때면 그냥 모른 척 외면해 버리기도 하지만 근본적인 해결책이 되지 못한다는 것을 우리는 알고 있습니다.

먼저, 스트레스에 적절히 대처하기 위해서는 그 원인을 파악하는 것이 중요합니다. 사람의 성격이 다양하듯, 스트레스의 원인도 무척 다양하기 때문이지요. 스트레스를 서둘러 없애 버리는 게 아닌, 조금 더 깊이 들여다보는 노력이 필요합니다. 그때 그 말이 왜 상처가 되었는지, 그때 그 상황이 왜 불편했는지에 대해서 말입니다.

그 이유를 찾아가다 보면, 유난히 스트레스를 받는 '패턴'을 알게 됩니다. 패턴을 알고 나면 조금 더 수월하게 해결책을 찾을 수 있게 됩니다. 스트레스를 떨쳐 버리는 게 아닌, 스트레스를 다스리는 방법을 알게 되는 것이죠. 이러한 과정이 있다면, 우리는 갑작스럽게 찾아온 스트레스에 조금 더 의연하게 대처할 수 있을 것입니다.

# #

당신의 삶을 반올림할 해시태그

당신에게 스트레스를 주는 것:

\#

\#

\#

\#

\#

\#

\#

\#

\#

\#

\#

1) 최근에 주로 스트레스가 되었던 사건은 어떤 사건인가요?

2) 그러한 사건이 계속해서 스트레스가 되는 이유는 무엇일까요?

3) 어떤 방법을 통해 그 스트레스를 다스릴 수 있을까요?

세바시 674회 | 스트레스를 디자인하라 | 정 선 희

TV와 라디오를 넘나들며 유쾌한 입담으로 시청자를 사로잡는 개그우먼 출신 전문 방송인입니다. 수 십 년의 방송 생활을 거쳐 누구나 인정하는 '장수 방송인'이 될 수 있었던 비결에 그는 이렇게 대답합니다. "저는 스트레스를 가만히 놔두지 않아요. 파헤치고 분석해서 스트레스를 다스리며 살아가죠."

세 바 시 인 생 질 문

18

———

당신은 자신이 가진 트라우마에 대해

알고 있나요?

———

과거의 일은 현재와 미래에 커다란 영향을 줍니다. 특히 가족이나 친구, 연인과 같이 가까운 관계 안에서 생긴 상처는 새롭게 찾아오는 모든 일들에 왜곡된 시각을 주기 쉽지요. 부정적인 경험이 많을수록 미리 걱정하고, 두려워하고, 염려하는 습관, 그것은 자신도 모르는 사이 마음의 병으로까지 발전하게 됩니다. 그것을 흔히들 '트라우마'라고 합니다.

트라우마는 마음에 일어난 감정, 머릿속에 떠오른 생각을 있는 그대로 바라볼 수 없게 합니다. 하지만 그럴 때일수록 가만히, 천천히, 우리 내면의 소리에 귀 기울일 수 있어야 합니다. 물론 쉽지 않은 일입니다. 자신의 내면과 마주하여 마음의 상태를 있는 그대로 들여다보는 연습이 필요하지요. '아, 내가 그때 그 상처 때문에 지금 불안해하고 있구나', '그 상처로 인한 두려움이 내 마음의 상태를 제대로 볼 수 없게 하는구나'라고 스스로의 마음을 깊이 돌보고 헤아리는 과정이 있어야 합니다.

이런 연습을 여러 번 하다 보면 부정적으로 흘러가는 생각을 보다 쉽게 멈출 수 있습니다. 스스로 마음을 먼저 돌보고 헤아릴 때 외롭게 방치되었던 마음이 위로를 얻고, 비로소 세상을 왜곡 없이 바라볼 힘을 갖게 될 테니까요.

# #

당신의 삶을 반올림할 해시태그

당신에게 트라우마로 남은 경험 :

#

#

#

#

#

#

#

#

#

#

#

1) 당신을 가장 괴롭게 하는 트라우마는 무엇인가요? 그 트라우마
가 당신의 삶 속에서 어떤 영향을 주고 있나요?

2) 어떤 이유로 인해 트라우마로 남게 되었을까요?

3) 트라우마를 극복하기 위해 당신 스스로에게 해주고 싶은 말은 무엇인가요?

세 바 시 인 생 질 문

19

———

당신의 '진짜 나'를 지배하는

'가짜 나'가 있나요?

———

불쑥 불쑥 지워 버리고 싶은 자신의 모습이 떠올라 괴로운 순간이 있을 겁니다. 중요한 프로젝트에서 실수를 했던 일, 소중한 이를 서운하게 만든 일, 도전했지만 실패로 끝나 버린 일처럼 부정적인 경험은 새로운 일들에 앞서 우리를 주저하게 만듭니다. 또다시 그때처럼 부정적인 감정에 휩싸일지도 모른다는 두려움은 본래의 모습을 지워 버리고 맙니다. 우리의 '가짜 나'가 우리의 '진짜 나'를 지배하게 되는 것이지요.

'가짜 나'는 실수나 실패를 두려워한 나머지 여러 이유를 들어 새로운 도전을 피하게 합니다. 두려움과 정면으로 마주하려 하지 않고 인간은 실수하는 존재라는 점도 인정하지 않으려 합니다. 인간은 실수를 통해 배우는 존재이며 그러므로 인생은 더 의미가 있다는 깨달음 앞에서도 눈을 감아 버리게 합니다. 하지만, 모든 게 완벽하게만 흘러간다면 그것은 인생이 아닙니다. 더 나은 존재가 되는 데에서 오는 기쁨은 그 무엇과도 바꿀 수 없는 귀한 것이니까요. 그 안에서 우리는 '성장'이라는 것을 경험할 수 있는 것이고요.

그러기 위해선 우리의 '가짜 나'를 극복해야만 합니다. 어느 날의 부정적인 기억에 머물러서는 안 됩니다. 새로운 우리를 만들 수 없게 만드는 부정적인 틀을 스스로 깨고 나올 때, 비로소 '진짜 나'에 한발 가까워질 수 있답니다.

# #

당신의 삶을 반올림할 해시태그

당신이 알고 있는 자신의 '가짜 나' :

\#

\#

\#

\#

\#

\#

\#

\#

\#

\#

\#

\#

1) 가장 극복하기 어려운 당신의 '가짜 나'는 무엇인가요?

2) 그 '가짜 나'는 당신에게 어떤 영향을 끼치나요?

3) '가짜 나'를 지우고 '진짜 나'를 되찾기 위해선 어떤 노력이 필요할까요?

_____

_____

_____

_____

_____

_____

_____

_____

_____

_____

세바시 998회 | 가짜 내가 진짜 나를 지배하려고 할 때 | 정 철 규

외국인 노동자 '블랑카' 캐릭터로 유명한 개그맨이자 다문화 이해 교육 전문 강사입니다. 정철규라는 이름보다 블랑카라는 캐릭터로 이미지가 굳어진 탓에 출연했던 코너가 끝이 난 이후에 극심한 우울감을 겪었습니다. 스스로 만든 틀 속에서 세상을 부정적으로 바라보며 '가짜 나'가 '진짜 나'를 지배하던 때, 작은 행동들로 다시 자신감을 찾기까지 10년이 걸렸습니다. 트라우마 너머에 있는 진짜 `나다움`을 마주하기 시작했을 때, 새로운 인생을 선물받게 되었습니다.

세 바 시 인 생 질 문

20

———

당신은 자신의 숨겨진 내면과

마주한 적이 있나요?

———

사람은 누구나 밝은 면과 어두운 면을 모두 가지고 있습니다. 또 외부에 드러나는 부분이 있는가 하면 자신만 알고 있는 면도 있지요. '페르소나'는 사람들에게 의식적으로 보여 주는 자신의 모습을 뜻합니다. 사회적 가면이지요. 반대로 '그림자'는 사람들에게 보이기 싫은 면 혹은 자신조차도 모르는 숨겨진 부분이라고 할 수 있어요.

SNS를 통한 소통이 일상화되면서 요즘의 우리는 의식적으로 편집해서 보여 주는 모습에 점점 익숙해져가고 있습니다. 가공된 모습이 더욱 커져 가는 거지요. 그런데 페르소나와 실제 모습의 간격이 너무 커지면 자신의 진짜 모습을 잃어버릴 위험도 있습니다. 정신과 의사인 카를 융에 의하면 페르소나는 종종 자신의 진짜 모습을 은폐시키려 하기 때문에 진정한 자아와 갈등을 일으킨다고 합니다. 진짜 자기와 마주하지 못하면 인간의 정서는 매우 불안한 상태가 됩니다.

그 불안을 떨치기 위해서는 자신의 숨겨진 내면을 바라보는 시간, 즉 '진짜 나'와 만나는 시간이 필요합니다. 숨기려고만 했던 콤플렉스나 트라우마를 이해해 보고, 애써 소외시켰던 자신의 어두운 면들을 보듬어 주는 겁니다. 그 또한 자신의 소중한 일부로 인정해 주는 것이지요. 그렇게 자신의 모든 면을 통합할 수 있을 때 우리는 조금씩 성장할 수 있습니다. 그것이 곧 자신을 건강하게 돌보는 삶이기도 하지요.

# #

당신의 삶을 반올림할 해시태그

당신이 쓰고 있는 사회적 가면 :

\#

\#

\#

\#

\#

\#

\#

\#

\#

\#

\#

\#

1) 당신의 진짜 모습과 가장 거리가 있는 '사회적 가면'은 무엇인가
요?

2) 자신의 진짜 모습을 들킬까 봐 불안했던 경험이 있나요? 그때의 감정은 어떠했나요?

3) 자신의 소외된 내면을 되찾기 위해 어떤 노력을 할 수 있을까요?

세바시 555회 | 그림자를 돌보는 삶 | 정여울

매일 글을 쓰며 담담하게 독자의 마음을 어루만지는 작가입니다. 그만의 아름다운 문체와 감수성을 담은 글로 제3회 전숙희문학상을 수상한 바 있습니다. 글쓰는 방법, 책을 쓰는 이유에 관한 강연을 해온 그를 바꾼 사건이 있었으니, 바로 '세월호' 사건입니다. 이 사건 이후로 사람들은 어떻게 살아야 하는가를 묻기 시작했고, 그 또한 예상치 못한 변수로 가득한 삶 속에서, '강해진다'는 것은 어떤 삶을 말하는지를 묻기 시작했습니다.

세 바 시 인 생 질 문

21

———

당신에게는 두려움을 이겨 낼

용기가 있나요?

———

'두려움'이라는 세 글자는 우리를 긴장하게 만드는 면이 있습니다. 왠지 모르게 피하고 싶은 느낌도 들어 부정적인 감정이라고 치부해 버리기 쉽지만, 사실 우리 삶에 없어서는 안 될 소중한 감정입니다. 적절한 두려움은 우리를 삶의 아름다운 순간으로 데려다주기 때문이지요.

첫 학교생활, 첫 사회생활을 마주했던 순간을 한번 떠올려 볼까요? 당신은 낯선 환경에 잔뜩 긴장을 하고, 곧 두려움이라는 감정에 휩싸였을 겁니다. 알 수 없는 미래에 막막함을 느꼈을 수도 있겠지요. 하지만 하루 이틀 시간이 흐를수록 용기가 생겼을 거예요. 두려운 감정이 일어나는 게 당연하다고, 새로운 환경에 적응하기 위한 과정이라고 받아들이는 순간 기대감, 설렘, 즐거움이라는 감정도 뒤따라왔을 겁니다. 그런 변화의 과정에 몸을 맡기는 사이 어느새 두려움은 사라지고 새롭게 펼쳐진 세상에 흠뻑 빠져 버린 자신을 발견하게 되었을 테지요. 만약 처음의 두려움이 없었다면 어땠을까요?

픽사의 애니메이션 <굿 다이노>에는 아빠 공룡이 겁 많은 아들 공룡에게 이렇게 말하는 장면이 있습니다. 때로는 두려움을 이겨 내야 그 건너편의 아름다움을 볼 수 있다고, 그래서 삶은 때때로 우리에게 두려움이라는 감정을 안겨 준다고 말입니다. 두려움이란 감정은 우리의 내면에 용기를 키워 주기 위해 존재한다는 사실을 잊지 마세요.

#

당신의 삶을 반올림할 해시태그

당신이 두려움을 느끼는 것 :

#

#

#

#

#

#

#

#

#

#

#

#

1) 당신이 갖는 두려움의 원인은 무엇이라고 생각하나요?

2) 당신은 어떤 방법으로 두려움을 이겨 내나요?

3) 두려움을 이겨 냄으로써 새로운 경험 또는 깨달음을 얻은 적이
있나요?

_____

_____

_____

_____

_____

_____

_____

_____

_____

세바시 685회 | 두려움을 용기로 바꾸는 마음의 연금술 | 문 요 한

정신과 의사이자 열 권이 넘는 책을 펴낸 작가입니다. 임상 의사의 역할을 정리하고 성장 심리학자로서 글을 쓰고 연구합니다. 그의 주요 관심사는 철학과 인문학, 심리학을 통합한 '자기 돌봄'입니다. 용기와 두려움, 기쁨과 슬픔이 공존하는 인생임에도 누구나 인생을 아름답게 가꿔 나갈 수 있다는 믿음으로 그는 오늘도 누군가의 인생을 응원합니다.

세 바 시 인 생 질 문

22

———

당신이 중독에 빠지는 이유는

무엇일까요?

———

습관적으로 혹은 집착적으로 하는 행동의 이면에는 보통 좀처럼 채워지지 않는 결핍이 있습니다. 음식에 집착해서 폭식을 한다거나 무절제한 쇼핑에 빠져든다거나, 술이나 담배에 의존하는 것 등이 주변에서 자주 접할 수 있는 사례들이지요.

문제는 건강하지 않은 행위들임에도 불구하고 점점 더 빠져든다는 데에 있습니다. 마음의 공허감은 쇼핑이나 음식, 술로 채워지는 게 아니니까요. 충동적인 행동이 반복적으로 나타날 때 또는 무언가에 지나치게 집착하고 있다는 것을 알아차릴 때 우리는 재빨리 그 마음의 이면을 들여다볼 수 있어야 합니다. '내가 왜 그럴까?'라는 관심과 호기심을 가지고 스스로를 이해하려는 노력이 필요합니다.

무언가에 중독된 자신을 자책하고 비난하기보다는 두 배로 더 돌보고 이해하기 위한 시간을 가지는 건 어떨지요. 세심하게 관심을 기울여 스스로에게 질문해보는 거지요. '이렇게 행동하는 내 마음은 대체 무엇 때문이지?'라고요. 중독적인 행동을 일으키는 자신의 밑 마음과 대화하다 보면 어느 순간 집착에서 벗어나 자유로워지는 자신을 발견하게 될 겁니다. 그렇듯 여유를 가지고 천천히 마음의 빈 곳을 살펴 가기를, 따뜻하게 스스로의 마음을 다독일 수 있기를 바랍니다.

# #

당신의 삶을 반올림할 해시태그

자신도 모르게 집착하게 되는 행동 :

\#

\#

\#

\#

\#

\#

\#

\#

\#

\#

\#

\#

1) 그중 가장 과도하게 느껴지는 집착 행동은 무엇인가요? 집착 행동을 하고 난 후의 기분은 어떤가요?

2) 그 행동을 하게 된 배경에는 어떤 이유가 있을까요?

3) 집착을 내려놓기 위해 스스로에게 어떤 말, 어떤 제안을 해줄 수 있을까요?

_____

_____

_____

_____

_____

_____

_____

_____

_____

세바시 1101회 | 나는 쇼핑 중독자였습니다 | 최 유 리
《샤넬백을 버린 날, 새로운 삶이 시작됐다》의 저자이자 패션 힐러입니다. 한때 쇼핑 중독자였던 그는, 낮은 자존감과 공허한 마음을 가리기 위해 끝없이 쇼핑을 했습니다. 남들에게 멋있는 삶으로 보이기 위해 박사 학위와 부유한 삶을 좇았습니다. 그러다 심한 우울감을 겪게 되었고, 그 끝에 살고 싶어서 샤넬백과 함께 모든 허위를 던져 버렸습니다. 그 일로 그는 진정한 행복과 아름다움은 '나 자신을 만나는 것'으로부터 시작한다는 것을 깨닫게 됩니다.

세 바 시 인 생 질 문

23

당신은 깊은 우울의 늪으로부터

어떻게 자신을 보호하나요?

우울증을 흔히 마음의 감기라고 하지요. 감기처럼 결국엔 지나가는 거라는 의미입니다. 하지만 우울의 한가운데에 빠져 있을 때는 그 말이 잘 와닿지 않습니다. 영영 나아질 것 같지 않은 기분에 사로잡혀 있게 됩니다. 꼭 우울증 진단을 받을 정도가 아니라고 해도 깊은 우울감이 느껴지면 누구든 비관적인 생각을 하기 쉽습니다. 차라리 죽어 버렸으면 좋겠다며 극단적인 생각을 하기도 하고요.

우울할 때 부정적인 생각이 더 많이 떠오르는 것을 '기분 유도 편향(mood included bias)'으로 설명할 수 있습니다. 우울하면 긍정적인 것보다 부정적인 것에 더 초점이 맞춰진다는 것인데요. 이 때문에 괴로움이 더 증폭되는 것이죠. 긍정적인 기억이나 생각으로 조명만 비출 수 있어도 훨씬 덜 괴로울 수 있을 텐데 말이죠.

살다보면 우울을 피할 수 없을 때가 분명히 있습니다. 하지만 결국엔 지나간다는 것을 믿어야 해요. 그건 모든 감정의 특성이기도 하지요. 마음은 끊임없이 변화합니다. 자신을 아프게 하는 감정은 보다 빨리 지나가게 하면 좋겠지요. 그러기 위해서 평소에 긍정적인 쪽으로 생각의 조명을 비추는 연습이 필요합니다. 깊은 우울의 늪으로 빠지지 않도록, 혹여 빠진다 해도 재빨리 스스로를 구해 낼 수 있도록 말이죠.

# #

당신의 삶을 반올림할 해시태그

우울감이라 여겨지는 자신의 증상 :

#

#

#

#

#

#

#

#

#

#

#

#

1) 최근 당신을 가장 우울하게 만든 일은 무엇인가요?

2) 그 일로 인해 생긴 증상은 무엇이며 어떤 생각이 들었나요?

3) 우울감에서 빠져나오기 위해 어떤 것들을 시도해 볼 수 있을까요?

세바시 1103회 | 우울에 대처하는 방법 | 위 서 현

KBS 아나운서로 일했으며, 현재는 연세대학교 연합신학대학원 객원 교수로 활동하고 있습니다. 아나운서 시절 우연히 접하게 된 심리상담학에 끌려 연세대학교에서 상담학 박사 학위까지 받았습니다. 상담가로 마음에 병을 앓는 이들을 마주하며 '우울'에 대한 깊은 고민을 하게 되었습니다. 하지만 결국 우울도 감정에 지나지 않는다는 것을 깨달았습니다. 살다 보면 우울을 피할 수 없을 때가 분명 있지만, 우울도 결국 지나가는 감정입니다.

세 바 시 인 생 질 문

24

———

당신에게는 누군가에게 도움을 청할

용기가 있나요?

———

혹시 지금 어둠 속을 걷고 있다고 느껴지시나요? 실패의 경험으로 낙담하여 주저앉아 있을 수도 있고, 선택의 기로에서 갈피를 잡지 못하여 앞이 막막할 수도 있겠지요. 그럴 때 가장 걸림돌이 되는 건 다름 아닌 자기 안에서 자라나는 두려움입니다. 그 두려움은 우리를 가장 힘들게 합니다. 스스로를 혹독하게 자책하고, 혼자서 끙끙 앓게 하기도 하지요.

살면서 누구나 혼자서는 감당하기 힘든 두려움과 마주할 때가 있습니다. 이때 누군가에게 도움을 청하는 것도 두려움을 극복해 내는 용기 있는 방법이 될 수 있습니다. 우리는 모두 서로 연결되어 있고, 기꺼이 손잡아 줄 누군가가 분명히 존재하기 때문이지요. 두려움을 혼자서만 감당하기보다는 솔직하게 표현해 보기를 바랍니다. 그러면 내면의 두려움이 생각보다 거대한 것이 아니라는 것을 알게 될 것입니다.

인생은 끝없는 두려움의 연속입니다. 혼자서는 결코 이 거친 길을 완주할 수 없지요. 고개를 들어 사막과 같은 인생길을 함께하는 사람들을 바라보세요. 당신이 그들에게, 누군가가 당신에게, 용기 내어 손 내밀 수 있을 때 세상은 더 이상 두렵기만 한 곳이 아니라는 걸 알게 될 겁니다.

# #

당신의 삶을 반올림할 해시태그

혼자서는 감당하기 어려운 두려움 :

\#

\#

\#

\#

\#

\#

\#

\#

\#

\#

\#

\#

1) 두려운 일을 겪을 때 누군가의 도움으로 마음의 안정을 찾은 경험이 있나요?

2) 당신을 가장 두렵게 하는 일을 떨쳐 버리기 위해 도움을 청한다면 누구에게 하고 싶은가요?

3) 용기를 내어 두려움과 마주할 수 있다면 어떤 말들을 털어 놓고 싶은가요?

세바시 152회 | 내 안의 두려움을 극복하는 법 | 권 율

2006년, 미국 CBS의 대형 리얼리티 쇼 '서바이버'의 최종 우승자로 살아남았습니다. 한인 최초로 미 국 영 방송 PBS의 시사 프로그램의 진행자로 활약했습니다. 하지만 화려한 경력에도 그의 내면 깊숙한 곳 에는 늘 두려움이 있었습니다. 늘 피하기만 했던 그 두려움을 극복하는 첫 번째 단계는 바로 그 두려움 앞에 서는 것이라고 그는 말합니다.

세 바 시 인 생 질 문

25

———

과거의 힘들었던 경험은

오늘의 당신에게 어떤 영향을 주었나요?

———

너무 힘들고 괴로웠던 경험은 삶 전체를 변화시킵니다. 어떤 사람들은 과거의 힘들었던 경험에 연연하며 자신을 '불행한 사람'으로 규정짓기도 합니다. 같은 경험을 가지고도 어떤 사람들은 자신의 성장을 위한 자원으로 삼기도 합니다. 힘들었던 건 사실이지만 좋은 기회가 되었다고 하면서요.

　그렇게 보면 불행은 행복의 반대편에 있는 것이 아닌 듯합니다. 자신의 환경이나 자신에게 일어난 사건들을 부정하거나 원망하기만 한다면 당연히 더 나아지는 것은 없을 겁니다. 그럴수록 더 불행한 삶이라 느껴지겠지요. 반대로 힘든 상황인 것을 받아들이되 '그럼에도 불구하고 내가 성장하려면 무엇을 할 수 있지?'라는 질문을 할 수 있다면 방향은 달라지겠지요. 오히려 그 조건들을 활용하는 겁니다.

　살아가면서 너무나 피하고 싶은, 누가 봐도 괴롭기만 한 일들이 분명히 있습니다. 갑작스레 건강에 문제가 생긴다거나 경제적인 가난 같은 경우는 누구에게나 큰 시련이지요. 하지만 어쩔 수 없이 겪어 내야 한다면 비관은 결코 답이 될 수 없을 겁니다. 그 경험을 자신의 양분으로 삼는가, 불행의 구실로 삼는가는 살아가는 자신의 몫이겠지요.

# #

당신의 삶을 반올림할 해시태그

살면서 겪었던 시련 :

\#

\#

\#

\#

\#

\#

\#

\#

\#

\#

\#

\#

1) 그중 가장 괴롭고 힘들었던 시련은 무엇인가요? 그 일로 당신은
어떤 두려움에 빠져들게 되었나요?

2) 그중 오늘의 당신에게 긍정적인 영향을 준 시련은 무엇인가요?
그 일로 당신은 어떤 희망의 가능성을 경험하였나요?

3) 시련을 성장의 계기로 만들기 위해 할 수 있는 일은 무엇인가요?

_____

_____

_____

_____

_____

_____

_____

_____

_____

_____

_____

세바시 733회 | 지금 행복하면 내일도 행복합니다 | 이 은 기

결혼 후, 건강하고 예쁜 아이를 갖게 될 거라는 바람과는 달리 선천적으로 저체중인 딸이 태어났습니다. 처음엔 괴로움과 두려움으로 하루하루가 힘들었지만, 그는 바로 지금, 아이가 행복하길 바라면서 사랑으로 키워 냈습니다. 그 딸 덕분에 오감 체육 교사라는 새로운 직업을 갖게 되었고, 재활 치료와 더불어 감각을 이용한 다양한 놀이를 통해 많은 아이들을 돕고 있습니다. 괴로움을 성장으로 발전시키는 첫 걸음은 바로 지금 시작할 수 있습니다.

세 바 시 인 생 질 문

26

—

당신은 시련을 기회로 바꿀

긍정의 파워를 갖고 있나요?

—

예상치 못한 시련은 가던 길을 멈추게 만듭니다. 순탄하게 이어질 것 같았던 길이 가로막힌 기분이지요. 그럴 때 우리는 당황하고 무력감을 느끼게 되는 것 같습니다. 하지만 찰스 다윈은 '살아 남는 것은 가장 강한 종이 아니라, 변화에 가장 잘 적응하는 종'이라고 했지요. 멈추지 않고 대안을 찾아 나가면 길을 찾게 되고 또 적응하게 됩니다.

몸이 아프게 되면서 뜻밖에 글쓰는 재주를 발견하게 되었다는 이시형 박사의 경우처럼, 시련을 통해 생각지도 못한 보물을 찾게 될지도 모릅니다. 처음 계획대로 되지 않는다고, 자신의 뜻대로 되지 않는다고 너무 절망할 필요가 없는 이유입니다. 삶에는 정답이 없기 때문에 어떤 순간에도 다양한 가능성이 숨어 있지요. 마음만 달리 먹을 수 있다면 말이지요.

길을 가로막는 장애처럼 느껴지는 일들은 살면서 언제라도 일어날 수 있습니다. 하지만 그 일을 '시련'이 아니라 변화를 맞이할 '기회'로 받아들일 수 있는 긍정의 파워만 있다면 상황은 완전히 달라질 수 있습니다. 무력감은 즐거운 긴장감으로 바뀌어 삶에 활력을 줄 수 있을 것이고, 그 길에서 보이지 않던 새로운 기회들이 보이기 시작할 겁니다. 긍정의 힘에 의지하여 시련을 기회로 삼아 인생이 우리게 주려는 값진 선물을 발견해보시기 바랍니다.

# #

당 신 의 삶 을 반 올 림 할 해 시 태 그

시련을 이겨 낸 긍정적인 생각 :

\#

\#

\#

\#

\#

\#

\#

\#

\#

\#

\#

\#

1) 시련이 긍정적인 변화로 이어질 수 있었던 이유는 무엇이었을까요?

2) 긍정의 파워가 없었다면 어떤 결론에 다다르게 되었을까요?

3) 긍정의 파워를 키우기 위해 어떤 노력을 할 수 있을까요?

세바시 276회 | 아픔이 사람을 키운다 | 이 시 형

대한민국을 대표하는 정신과 의사이자 뇌 과학자입니다. 실체가 없다고 여겨지던 '화병(Hwa-byung)'
을 세계 정신 의학 용어로 만든 정신 의학계의 권위자입니다. 2007년에는 75세의 나이에 자연 치유 센
터 '힐리언스 선마을'을 건립했습니다. 그는 건강하고 질병 없는 삶을 위해 현대인들에게 꼭 필요한 처
방을 내립니다. 그것은 '잠시 멈춤'입니다.

세 바 시 인 생 질 문

27

———

당신을 혼란에 빠트리는

'가짜 긍정'까지도 이겨 낼 수 있나요?

———

긍정의 힘에 지나치게 의존하려고 하면 간혹 '가짜 긍정'에 이르게 되기도 합니다. 가짜 긍정은 좋지 않은 것임에도 좋은 것이라 여기는 것이에요. 어려운 상황 속에 있을 때 시련이나 위기를 있는 그대로 마주하지 않고 무작정 좋게만 해석하려는 태도가 포함됩니다. 그런 모습이 한편으로 강해 보이기도 해서 우리의 판단을 흐리게 합니다.

가짜 긍정은 왜곡이며 때로는 망상일 수 있습니다. 긍정한다는 것은 무조건 좋게만 생각한다는 뜻이 아니기 때문입니다. 내가 처한 상황 그리고 나의 현재 상태를 있는 그대로 받아들인다는, 수용한다는 뜻입니다. 우리에게 필요한 것은 현실을 왜곡하는 가짜 긍정이 아닌, 있는 그대로 수용할 수 있는 진짜 긍정입니다. 어려울 때일수록 자신이 처한 상황과 자신을 있는 그대로 볼 수 있어야 합니다. 그래야 스스로에게 정말 필요한 것을 찾아갈 수 있을 테니까요.

혹시라도 자신의 긍정이 어려운 상황을 모면하려고 하는 가짜 긍정은 아닌지 살펴볼 수 있어야 합니다. 가짜 긍정의 함정에 빠지지 않아야 진정한 긍정의 힘으로 성장해 나갈 수 있다는 걸 기억하면서요.

# #

당신의 삶을 반올림할 해시태그

긍정적으로 생각하려고 애썼던 일 :

#

#

#

#

#

#

#

#

#

#

#

#

1) 그중 '가짜 긍정'이라고 여겨지는 것은 무엇인가요? 그 이유는 무엇 때문인가요?

2) 긍정의 힘이 정말로 필요한 순간은 언제일까요?

3) '진짜 긍정'을 이끌어 내기 위해 어떤 태도와 노력이 필요할까요?

세바시 1160회 | 짝퉁 긍정에 속지 마세요 | 채 정 호

가톨릭대학교 정신건강의학과 교수로 일하고 있습니다. 그는 평생 정신과 전문의로 일하면서 사람이 정말 행복해지는 방법이 뭘까를 스스로 질문했습니다. 그 답으로 긍정학교를 세웠습니다. 긍정학교는 삶을 긍정하는 법을 배우고, 실천하며 나누는 학교입니다. 그는 진짜 긍정이야말로 더 나은 삶의 비법 이라 믿고 있습니다.

세 바 시 인 생 질 문

28

———

당신은 자신의 힘든 마음을

잘 돌보는 사람인가요?

———

우리는 살면서 마음의 문제로 힘들어하는 사람들을 종종 만나게 됩니다. 겉으로는 밝아 보이는 사람들이 의외로 우울증이나 공황장애를 앓고 있는 경우도 많습니다. 특히나 한국 사람들은 감정을 솔직하게 표현하기보다 숨기고 삭이는 데에 익숙해 있어요. 감정을 억압하다 보면 문제가 생길 수밖에 없습니다. 언젠가는 터지게 되고 예상치 못한 상황에서 문제가 발생하기도 하지요.

우울감, 불안감 또는 분노와 같은 불편한 감정일수록 건강하게 표현할 수 있도록 해주어야 합니다. 또 과거에 받은 상처로 인한 여러 감정들이 마음을 괴롭히고 있다면 이 또한 세심히 돌보아 주어야 합니다.

그러기 위해서는 어렵더라도 조금씩 감정을 표현할 기회를 만드는 것이 중요합니다. 믿을 만한 사람과 나누어도 좋고, 혼자서 글로 써보는 것도 아주 좋은 방법입니다. 일기처럼 편하게 써내려 가다 보면 해결되지 못한 감정들이 정화되는 것을 느낄 수 있을 거예요. 만약 너무 감당하기 힘든 문제가 있다면 전문가를 찾아가는 방법도 고려해 보아야 합니다. 이처럼 자신의 감정을 세심하게 돌볼 수 있을 때 마음은 더욱 건강해지고 단단해질 수 있다는 것을 기억하세요.

# #

당신의 삶을 반올림할 해시태그

감정을 건강하게 표현할 수 있는 방법 :

\# _____

\# _____

\# _____

\# _____

\# _____

\# _____

\# _____

\# _____

\# _____

\# _____

\# _____

\# _____

1) 누군가 위로로 해주었던 말이 오히려 상처가 되었던 경험이 있나요?

2) 자신만 알고 있는 '내 마음의 취약점'은 무엇인가요?

3) 그 취약점을 돌보기 위해 어떤 노력을 하고 있나요?

세바시 북토크 | 마음 근육 튼튼한 내가 되는 방법 | 박 상 미

경찰대학교 교양 과정 교수이자 마음 관리에 관한 글을 씁니다. 교도소, 소년원, 미혼모 가족에게 무료 상담을 제공하는 더공감 마음학교 소장이기도 합니다. 그를 관통하는 키워드는 '치유'입니다. 타인에게 상처받은 마음을 치유하기 위해서는 마음 근육을 길러야 합니다. 마음도 근육처럼 키우면 키울수록 단단해질 수 있습니다.

세 바 시 인 생 질 문

29

—

당신은 스스로에게

너그러운 사람인가요?

—

마음도 체력처럼 에너지가 한정되어 있습니다. 체력이 소진되면 힘을 낼 수 없고 휴식이나 음식을 통해 충전을 해야 하는 것처럼 마음도 에너지를 채워 가야 하지요.

마음의 에너지를 낭비하는 큰 주범은 스스로를 혹독하게 대하는 것입니다. 자신을 스스로 아껴 주지 않는 것이지요. 무슨 일이든 완벽하게 해내야 한다고 다그치며 작은 실수도 넘어가지 않고 날카롭게 스스로를 비난하는 것이 그 예가 될 수 있어요. 자기 자신에게 지나치게 많은 것을 바라거나 열심히 해놓고도 인정해 주지 않으면 강철 같은 마음도 지칠 수밖에 없습니다. 에너지가 소진된 상태가 지속되면 우울증이 되고 심하게는 극단적인 선택으로까지 이어질 수 있어 위험하지요.

마음의 에너지가 고갈되지 않도록 하는 방법은 스스로를 너그럽고 따뜻하게 대해 주는 방법입니다. 마치 어린아이를 돌보듯 작은 수고에도 칭찬을 아끼지 않고 스스로를 인정해 주는 겁니다. 인자한 할머니가 손주들을 대하듯 푸근하게 안아 주는 것이지요. 그렇게 평소에 마음의 에너지를 보살펴 유지할 수 있다면 웬만한 스트레스는 지혜롭게 대처할 수 있을 겁니다. 몸의 건강을 위해 좋은 것을 챙겨 먹고 운동하는 것처럼 마음의 건강을 위해서도 실천해 보세요. 그러한 자기 돌봄이 있어야만 건강한 삶이 가능해진답니다.

# #

당신의 삶을 반올림할 해시태그

스스로를 따뜻하게 돌보는 방법 :

\#

\#

\#

\#

\#

\#

\#

\#

\#

\#

\#

\#

1) 당신의 마음 에너지를 고갈시키는 일은 무엇인가요?

2) 마음 에너지가 고갈되었을 때, 당신의 몸과 마음은 어떤 상태가
되나요?

3) 당신의 마음 에너지를 채우기 위해 가장 좋은 방법은 무엇인가요?

세바시 1072회 | 담백하게 산다는 것 | 양 창 순

정신건강의학과 · 신경과 전문의이며 (주)마인드앤컴퍼니의 대표입니다. 《담백하게 산다는 것》, 《나는 까칠하게 살기로 했다》 등을 쓴 인간관계 심리학 분야 베스트셀러 작가이기도 합니다. 건강한 인간관계를 유지함에 있어서 자신을 괴롭히는 가장 큰 주범은 바로 자기 자신이며, 자신을 존중하고 스스로에 대해 자긍심을 갖는 것이 인생을 담백하게 사는 첫 길음이라고 말합니다.

세 바 시 인 생 질 문

30

———

당신은 자신만의 매력이
무엇이라고 생각하나요?

———

스스로의 외모에 엄격한 기준을 두는 사람들을 흔히 보게 됩니다. 작은 키에 콤플렉스를 가지고 있거나, 항상 다이어트에 대한 강박을 가지고 있어 먹을 때마다 죄책감을 갖는 사람들도 있지요. TV나 인터넷 속의 모습을 기준으로 삼아 연예인과 자신을 비교하는 경우도 허다합니다. 그러다 보니 타고난 외모에 대해 불만을 갖게 되고 '이러이러해야 한다'는 강박을 갖게 됩니다.

신체는 태어날 때부터 함께하는 소중한 '나'의 일부입니다. 그럼에도 불구하고 스스로가 정한 엄격한 기준에 맞추려다 보니 자신의 신체를 혹독하게 다루고, 죄 없는 몸을 미워하기까지 하는 현실이 참으로 안타깝습니다. 자신을 미워하는데 행복할 리는 만무한 것이고요.

획일적인 기준에 자신을 맞추려 하기보다 무엇이 정말 아름다운 것인지 생각해 볼 필요가 있습니다. 건강이 빠진 아름다움을 과연 아름다움이라 할 수 있을까요. TV 속 사람들의 모습과 닮지 않았다고 해서 스스로를 못났다고 할 수가 있을까요. 자신의 소중한 일부를 미워하며 애쓰기보다 자신만의 남다른 개성을 찾아 소중히 여기면서 살아가는 삶이 정말 아름다운 삶이 아닐까요.

# #

당신의 삶을 반올림할 해시태그

자신만의 매력이라고 여기는 부분 :

\#

\#

\#

\#

\#

\#

\#

\#

\#

\#

\#

\#

1) 어떤 모습을 볼 때 아름답다, 혹은 매력적이라고 느끼나요?

2) 인간의 매력에 대한 당신만의 판단 기준은 무엇인가요?

3) 당신만의 매력을 가꾸기 위해 어떤 노력을 할 수 있을까요?

세바시 1111회 | 아름다움을 결정하는 기준은 따로 있다 | 양정원

MBC <마리텔> 등 많은 예능 프로그램에 필라테스 강사로서 출연하며 큰 사랑을 받았습니다. 아름다운 외모로 유명한 그이지만, 어릴 적 외모 콤플렉스로 심한 스트레스를 받았습니다. 그러다 어느 순간 끝없는 비교와 강요된 기준에서 벗어나고자 노력하였고, 진짜 아름다움은 획일화된 기준이 없다는, 있는 그대로를 인정하며 건강히 가꾸는 것이야말로 최고의 아름다움임을 깨닫게 되었습니다.

세 바 시 인 생 질 문

31

———

당신은 '나다움'을 지키며

살고 있나요?

———

'인싸'라는 말이 한때 유행이었습니다. '인사이더(insider)'의 줄임말로, 무리에 잘 섞이고 인기가 많은 사람을 뜻합니다. 아웃사이더(outsider)의 반대말이기도 하지요. '인싸가 되는 법'과 같은 콘텐츠들이 등장하는 걸 보면 많은 사람들이 인싸 곧, 주류가 되는 것을 중요하게 생각하는 것을 알 수 있습니다.

그런데 주류에 속하려고 노력하는 동안 '나다움'을 잃고 있지는 않은지 염려가 됩니다. 무리에서 소외되지 않기 위해 진짜 자신을 숨기고 남들이 인정해 줄 만한 모습으로 포장하고 있지는 않나요? 그리하여 주류라는 울타리 속에 안착하는 데에는 성공했지만 정작 자기 본연의 모습을 잃어 가고 있지는 않은지 말이에요.

닮은 사람은 있어도 같은 사람은 없습니다. 날 때부터 우리는 다르게 태어났기 때문에 각자의 개성이 있을 수밖에 없어요. 그런데 소외가 두려워 혹은 인기를 얻으려고 개성을 잃어버린다면 당신의 가치도 사라지는 거지요. '나' 아닌 사람이 되려고 애쓰기보다, 나 자신의 본 모습을 찾고 이해해 보는 것부터 시작하는 건 어떨까요. 그런 자신을 당당하게 내보일 수 있을 때 당신은 사람들 사이에서도 빛이 날 게 분명하고요.

# #

당신의 삶을 반올림할 해시태그

스스로 소중히 여기는 '나다움' :

\#

\#

\#

\#

\#

\#

\#

\#

\#

\#

\#

\#

1) 소외되는 것이 두려워 '나다움'을 숨겼던 경험이 있나요?

2) '나다움'을 잃게 만드는 원인에는 어떤 것들이 있을까요?

3) 계속해서 지켜 나가고 싶은 '나다움'은 무엇인가요?

세바시 1179회 | 진짜 나로 존중받으며 살 수 있는 의외의 방법 | 김예원

장애인권법센터의 대표 인권 변호사입니다. 태어날 때 의료 사고로 한쪽 눈을 잃었고, 다른 아이들과 다른 자신의 모습이 싫어 더 치열하게 살았습니다. 약자의 인권을 보호하기 위한 변호사의 삶을 살면서 다시 약자의 편에서 세상을 바라보니 차별받기 싫어 발버둥치며 스스로를 몰아세웠던 지난 일을 되돌아 보게 됩니다. 우리는 모두 '있는 그대로의 모습'을 존중받아야 한다는 메시지를 널리 전합니다.

세 바 시 인 생 질 문

32

———

당신에게
행복이란 무엇인가요?

———

행복을 성취나 소유로 생각하는 경우가 적지 않습니다. 안간힘을 써서 도달해야 할 어떤 '지점'이라고 여기는 것이지요. 그 때문인지 주변에 열심히 사는 사람들은 많지만 정작 삶의 만족도가 높은 사람들은 적은 듯합니다. 혹 당신도 열심히 무언가를 성취해 내는 데에만 몰입하느라 스트레스에 익숙해져 있지는 않나요. 남들보다 더 빨리 더 멀리 도달해야 한다는 생각, 더 많이 가져야 한다는 생각에 조급한 마음으로 살고 있지는 않나요.

행복이 점이 아니라 선이 될 때 진정한 삶을 누릴 수 있습니다. 미래의 어느 시점에 있는 게 아니라 늘 현재에 함께 있는 것일 때 의미가 있지요. 행복이 바로 지금 여기에 있는 것이 아닌, 미래의 불분명한 어느 시점에 있다고 생각한다면 현재의 즐거움을 놓칠 수밖에 없습니다. 지금 느낄 수 있는 소소한 즐거움, 그리고 그 즐거운 기억들이 모이면 엄청난 삶의 에너지가 될 수 있어요.

손에 잡히지 않는 작은 행복에 대해서도 다시 생각해 볼 수 있습니다. 일상에서 느끼는 작은 즐거움이나 기쁨과 같은 긍정적인 정서로 생각해 보는 겁니다. 긍정적인 정서는 긍정적인 생각을 끌어오는 힘을 가지고 있습니다. 삶의 소소한 것들을 통해 긍정적인 기분을 불러일으킬 수 있다면 그것이 모여서 일상이 점점 더 행복해지지 않을까요?

# #

당신의 삶을 반올림할 해시태그

당신이 행복하다고 느끼는 순간 :

\#

\#

\#

\#

\#

\#

\#

\#

\#

\#

\#

1) 행복해지기 위해 어떤 노력을 해보았나요? 그 노력을 통해 당신이 원하는 행복에 얼만큼 가까워졌나요?

2) 어떤 성취나 목표를 이루었음에도 생각만큼 행복하지 못했던 일이 있나요?

3) 평소 당신을 기쁘게 만드는 소소한 행복엔 어떤 것들이 있나요?

세바시 163회 | 행복의 저력 | 서 은 국

세계에서 가장 활발하게 인용되는 논문의 저자이며 행복 심리학자입니다. 연세대학교에서 진행하는 그의 '행복의 과학' 강의는 언제나 수강 대기자가 700명이 넘는 인기 강의입니다. 그는 우리에게 묻습니다. "무엇을 해야 행복한 걸까요, 행복하기 때문에 무엇을 하는 걸까요?"

《세바시 인생질문》은

2부 나는 무엇을 원하는가,

3부 나는 무엇을 할 것인가로 이어집니다.